TRANZLATY

El idioma es para todos

A linguagem é para todos

El llamado de lo salvaje

O Chamado da Floresta

Jack London

Español / Português do Brasil

Hacia lo primitivo
No Primitivo

Buck no leía los periódicos.

Buck não leu os jornais.

Si hubiera leído los periódicos habría sabido que se avecinaban problemas.

Se ele tivesse lido os jornais, saberia que problemas estavam surgindo.

Hubo problemas, no sólo para él sino para todos los perros de la marea.

Não houve problemas apenas para ele, mas para todos os cães da maré.

Todo perro con músculos fuertes y pelo largo y cálido iba a estar en problemas.

Qualquer cão forte, musculoso e com pelo longo e quente estaria em apuros.

Desde Puget Bay hasta San Diego ningún perro podía escapar de lo que se avecinaba.

De Puget Bay a San Diego, nenhum cachorro conseguiu escapar do que estava por vir.

Los hombres, a tientas en la oscuridad del Ártico, encontraron un metal amarillo.

Homens, tateando na escuridão do Ártico, encontraram um metal amarelo.

Las compañías navieras y de transporte iban en busca del descubrimiento.

Empresas de navegação a vapor e de transporte estavam em busca da descoberta.

Miles de hombres se precipitaron hacia el norte.

Milhares de homens estavam correndo para Northland.

Estos hombres querían perros, y los perros que querían eran perros pesados.

Esses homens queriam cães, e os cães que eles queriam eram cães pesados.

Perros con músculos fuertes para trabajar.

Cães com músculos fortes para trabalhar.

Perros con abrigos peludos para protegerlos de las heladas.

Cães com pelagem peluda para protegê-los do frio.

Buck vivía en una casa grande en el soleado valle de Santa Clara.

Buck morava em uma casa grande no ensolarado Vale de Santa Clara.

El lugar del juez Miller, se llamaba su casa.

O lugar do Juiz Miller era chamado de sua casa.

Su casa estaba apartada de la carretera, medio oculta entre los árboles.

Sua casa ficava afastada da estrada, meio escondida entre as árvores.

Se podían ver destellos de la amplia terraza que rodeaba la casa.

Era possível avistar a ampla varanda que circundava a casa.

Se accedía a la casa mediante caminos de grava.

O acesso à casa era feito por calçadas de cascalho.

Los caminos serpenteaban a través de amplios prados.

Os caminhos serpenteavam por gramados amplos.

Allá arriba se veían las ramas entrelazadas de altos álamos.

Acima, havia galhos entrelaçados de altos choupos.

En la parte trasera de la casa las cosas eran aún más espaciosas.

Na parte de trás da casa as coisas eram ainda mais espaçosas.

Había grandes establos, donde una docena de mozos de cuadra charlaban.

Havia grandes estábulos, onde uma dúzia de cavalariços conversavam

Había hileras de casas de servicio cubiertas de enredaderas.

Havia fileiras de casas de empregados cobertas de videiras

Y había una interminable y ordenada serie de letrinas.

E havia uma infinidade e uma série ordenada de latrinas

Largos parrales, verdes pastos, huertos y campos de bayas.

Grandes parreirais, pastos verdes, pomares e plantações de frutas vermelhas.

Luego estaba la planta de bombeo del pozo artesiano.

Depois havia a estação de bombeamento do poço artesiano.
Y allí estaba el gran tanque de cemento lleno de agua.
E lá estava o grande tanque de cimento cheio de água.
Aquí los muchachos del juez Miller dieron su chapuzón matutino.
Aqui os meninos do Juiz Miller deram seu mergulho matinal.
Y allí también se refrescaron en la calurosa tarde.
E eles também se refrescaram lá na tarde quente.
Y sobre este gran dominio, Buck era quien lo gobernaba todo.
E sobre esse grande domínio, Buck era quem governava tudo.
Buck nació en esta tierra y vivió aquí todos sus cuatro años.
Buck nasceu nesta terra e viveu aqui todos os seus quatro anos.
Efectivamente había otros perros, pero realmente no importaban.
De fato, havia outros cães, mas eles não importavam de verdade.
En un lugar tan vasto como éste se esperaban otros perros.
Outros cães eram esperados em um lugar tão vasto quanto este.
Estos perros iban y venían, o vivían dentro de las concurridas perreras.
Esses cães iam e vinham, ou viviam dentro dos canis movimentados.
Algunos perros vivían escondidos en la casa, como Toots e Ysabel.
Alguns cães viviam escondidos na casa, como Toots e Ysabel.
Toots era un pug japonés, Ysabel una perra mexicana sin pelo.
Toots era um pug japonês, Ysabel uma cadela mexicana sem pelos.
Estas extrañas criaturas rara vez salían de la casa.
Essas criaturas estranhas raramente saíam de casa.
No tocaron el suelo ni olieron el aire libre del exterior.
Eles não tocaram o chão, nem cheiraram o ar livre lá fora.
También estaban los fox terriers, al menos veinte en número.

Havia também os fox terriers, pelo menos vinte.

Estos terriers le ladraron ferozmente a Toots y a Ysabel dentro de la casa.

Esses terriers latiam ferozmente para Toots e Ysabel dentro de casa.

Toots e Ysabel se quedaron detrás de las ventanas, a salvo de todo daño.

Toots e Ysabel ficaram atrás das janelas, a salvo de perigos.

Estaban custodiados por criadas con escobas y trapeadores.

Eles eram vigiados por empregadas domésticas com vassouras e esfregões.

Pero Buck no era un perro de casa ni tampoco de perrera.

Mas Buck não era um cão de estimação, nem de canil.

Toda la propiedad pertenecía a Buck como su legítimo reino.

Toda a propriedade pertencia a Buck como seu reino de direito.

Buck nadaba en el tanque o salía a cazar con los hijos del juez.

Buck nadava no tanque ou ia caçar com os filhos do juiz.

Caminaba con Mollie y Alice temprano o tarde.

Ele caminhava com Mollie e Alice de madrugada ou de madrugada.

En las noches frías yacía junto al fuego de la biblioteca con el juez.

Nas noites frias, ele se deitava diante da lareira da biblioteca com o Juiz.

Buck llevaba a los nietos del juez en su fuerte espalda.

Buck deu carona aos netos do Juiz em seu dorso forte.

Se revolcó en el césped con los niños, vigilándolos de cerca.

Ele rolava na grama com os meninos, protegendo-os de perto.

Se aventuraron hasta la fuente e incluso pasaron por los campos de bayas.

Eles se aventuraram até a fonte e até passaram pelos campos de frutas vermelhas.

Entre los fox terriers, Buck caminaba siempre con orgullo real.

Entre os fox terriers, Buck sempre andava com orgulho real.

Él ignoró a Toots y Ysabel, tratándolos como si fueran aire.

Ele ignorou Toots e Ysabel, tratando-os como se fossem ar.

Buck reinaba sobre todas las criaturas vivientes en la tierra del juez Miller.

Buck governava todas as criaturas vivas nas terras do Juiz Miller.

Él gobernaba a los animales, a los insectos, a los pájaros e incluso a los humanos.

Ele governou sobre animais, insetos, pássaros e até humanos.

El padre de Buck, Elmo, había sido un San Bernardo enorme y leal.

O pai de Buck, Elmo, era um enorme e leal São Bernardo.

Elmo nunca se apartó del lado del juez y le sirvió fielmente.

Elmo nunca saiu do lado do Juiz e o serviu fielmente.

Buck parecía dispuesto a seguir el noble ejemplo de su padre.

Buck parecia pronto para seguir o nobre exemplo de seu pai.

Buck no era tan grande: pesaba ciento cuarenta libras.

Buck não era tão grande, pesando 64 quilos.

Su madre, Shep, había sido una excelente perra pastor escocesa.

Sua mãe, Shep, foi uma excelente cadela pastora escocesa.

Pero incluso con ese peso, Buck caminaba con presencia majestuosa.

Mas mesmo com aquele peso, Buck caminhava com presença majestosa.

Esto fue gracias a la buena comida y al respeto que siempre recibió.

Isso veio da boa comida e do respeito que ele sempre recebeu.

Durante cuatro años, Buck había vivido como un noble mimado.

Durante quatro anos, Buck viveu como um nobre mimado.

Estaba orgulloso de sí mismo y hasta era un poco egoísta.

Ele tinha orgulho de si mesmo e era até um pouco egoísta.

Ese tipo de orgullo era común entre los señores de países remotos.

Esse tipo de orgulho era comum entre os senhores de terras remotas.

Pero Buck se salvó de convertirse en un perro doméstico mimado.

Mas Buck se salvou de se tornar um cão doméstico mimado.

Se mantuvo delgado y fuerte gracias a la caza y el ejercicio.

Ele permaneceu magro e forte durante a caça e os exercícios.

Amaba profundamente el agua, como la gente que se baña en lagos fríos.

Ele amava profundamente a água, como as pessoas que se banham em lagos frios.

Este amor por el agua mantuvo a Buck fuerte y muy saludable.

Esse amor pela água manteve Buck forte e muito saudável.

Éste era el perro en que se había convertido Buck en el otoño de 1897.

Esse era o cachorro que Buck se tornou no outono de 1897.

Cuando la huelga de Klondike arrastró a los hombres hacia el gélido Norte.

Quando o ataque do Klondike levou os homens para o Norte congelado.

La gente acudió en masa desde todos los rincones del mundo hacia aquella tierra fría.

Pessoas correram de todas as partes do mundo para a terra fria.

Buck, sin embargo, no leía los periódicos ni entendía las noticias.

Buck, no entanto, não lia jornais nem entendia notícias.

Él no sabía que Manuel era un mal hombre con quien estar.

Ele não sabia que Manuel era uma má companhia.

Manuel, que ayudaba en el jardín, tenía un problema profundo.

Manuel, que ajudava no jardim, tinha um problema profundo.

Manuel era adicto al juego de la lotería china.

Manuel era viciado em jogos de azar na loteria chinesa.

También creía firmemente en un sistema fijo para ganar.

Ele também acreditava fortemente em um sistema fixo para vencer.

Esa creencia hizo que su fracaso fuera seguro e inevitable.

Essa crença tornou seu fracasso certo e inevitável.

Jugar con un sistema exige dinero, del que Manuel carecía.

Jogar num sistema exige dinheiro, coisa que faltava a Manuel.

Su salario apenas alcanzaba para mantener a su esposa y a sus numerosos hijos.

Seu salário mal dava para sustentar sua esposa e seus muitos filhos.

La noche en que Manuel traicionó a Buck, las cosas estaban normales.

Na noite em que Manuel traiu Buck, as coisas estavam normais.

El juez estaba en una reunión de la Asociación de Productores de Pasas.

O juiz estava em uma reunião da Associação de Produtores de Uvas Passas.

Los hijos del juez estaban entonces ocupados formando un club atlético.

Os filhos do juiz estavam ocupados formando um clube esportivo naquela época.

Nadie vio a Manuel y Buck salir por el huerto.

Ninguém viu Manuel e Buck saindo pelo pomar.

Buck pensó que esta caminata era simplemente un simple paseo nocturno.

Buck pensou que essa caminhada era apenas um simples passeio noturno.

Se encontraron con un solo hombre en la estación de la bandera, en College Park.

Eles encontraram apenas um homem na estação da bandeira, em College Park.

Ese hombre habló con Manuel y intercambiaron dinero.

Aquele homem falou com Manuel e eles trocaram dinheiro.

"Envuelva la mercancia antes de entregarla", sugirió.

"Embrulhe as mercadorias antes de entregá-las", ele sugeriu.

La voz del hombre era áspera e impaciente mientras hablaba.

A voz do homem era áspera e impaciente enquanto ele falava.

Manuel ató cuidadosamente una cuerda gruesa alrededor del cuello de Buck.

Manuel amarrou cuidadosamente uma corda grossa em volta do pescoço de Buck.

"Si retuerces la cuerda, lo estrangularás bastante"

"Torça a corda e você vai sufocá-lo bastante"

El extraño emitió un gruñido, demostrando que entendía bien.

O estranho deu um grunhido, mostrando que entendia bem.

Buck aceptó la cuerda con calma y tranquila dignidad ese día.

Buck aceitou a corda com calma e dignidade naquele dia.

Fue un acto inusual, pero Buck confiaba en los hombres que conocía.

Era um ato incomum, mas Buck confiava nos homens que conhecia.

Él creía que su sabiduría iba mucho más allá de su propio pensamiento.

Ele acreditava que a sabedoria deles ia muito além do seu próprio pensamento.

Pero entonces la cuerda fue entregada a manos del extraño.

Mas então a corda foi entregue nas mãos do estranho.

Buck emitió un gruñido bajo que advertía con una amenaza silenciosa.

Buck deu um rosnado baixo que o alertava com uma ameaça silenciosa.

Era orgulloso y autoritario y quería mostrar su descontento.

Ele era orgulhoso e autoritário, e queria mostrar seu descontentamento.

Buck creyó que su advertencia sería entendida como una orden.

Buck acreditava que seu aviso seria entendido como uma ordem.

Para su sorpresa, la cuerda se tensó rápidamente alrededor de su grueso cuello.

Para sua surpresa, a corda apertou rapidamente em volta de seu pescoço grosso.

Se quedó sin aire y comenzó a luchar con una furia repentina.

Seu ar foi cortado e ele começou a lutar com uma fúria repentina.

Saltó hacia el hombre, quien rápidamente se encontró con Buck en el aire.

Ele saltou sobre o homem, que rapidamente encontrou Buck no ar.

El hombre agarró la garganta de Buck y lo retorció hábilmente en el aire.

O homem agarrou a garganta de Buck e habilmente o girou no ar.

Buck fue arrojado al suelo con fuerza, cayendo de espaldas.

Buck foi jogado com força no chão, caindo de costas.

La cuerda ahora lo estrangulaba cruelmente mientras él pateaba salvajemente.

A corda agora o sufocava cruelmente enquanto ele chutava descontroladamente.

Se le cayó la lengua, su pecho se agitó, pero no recuperó el aliento.

Sua língua caiu, seu peito arfou, mas não conseguiu respirar.

Nunca había sido tratado con tanta violencia en su vida.

Ele nunca havia sido tratado com tanta violência em sua vida.

Tampoco nunca antes se había sentido tan lleno de furia.

Ele também nunca havia sentido uma fúria tão profunda antes.

Pero el poder de Buck se desvaneció y sus ojos se volvieron vidriosos.

Mas o poder de Buck desapareceu, e seus olhos ficaram vidrados.

Se desmayó justo cuando un tren se detuvo cerca.

Ele desmaiou no momento em que um trem parou ali perto.

Luego los dos hombres lo arrojaron rápidamente al vagón de equipaje.

Então os dois homens o jogaram rapidamente no vagão de bagagem.

Lo siguiente que sintió Buck fue dolor en su lengua hinchada.

A próxima coisa que Buck sentiu foi dor na língua inchada.

Se desplazaba en un carro tambaleante, apenas consciente.

Ele se movia em uma carroça balançando, apenas vagamente consciente.

El agudo grito del silbato del tren le indicó a Buck su ubicación.

O grito agudo de um apito de trem indicou a Buck sua localização.

Había viajado muchas veces con el Juez y conocía esa sensación.

Ele costumava cavalgar com o Juiz e conhecia a sensação.

Fue una experiencia única viajar nuevamente en un vagón de equipajes.

Foi a experiência única de viajar novamente em um vagão de bagagem.

Buck abrió los ojos y su mirada ardía de rabia.

Buck abriu os olhos e seu olhar queimava de raiva.

Esta fue la ira de un rey orgulloso destronado.

Essa foi a ira de um rei orgulhoso que foi tirado do seu trono.

Un hombre intentó agarrarlo, pero Buck lo atacó primero.

Um homem tentou agarrá-lo, mas Buck atacou primeiro.

Hundió los dientes en la mano del hombre y la sujetó con fuerza.

Ele cravou os dentes na mão do homem e segurou firme.

No lo soltó hasta que se desmayó por segunda vez.

Ele não a soltou até desmaiar pela segunda vez.

—Sí, tiene ataques —murmuró el hombre al maletero.

"É, tem ataques", murmurou o homem para o carregador de bagagem.

El maletero había oído la lucha y se acercó.

O carregador de bagagem ouviu a luta e se aproximou.

"Lo llevaré a Frisco para el jefe", explicó el hombre.

"Vou levá-lo para 'Frisco para o chefe", explicou o homem.

"Allí hay un buen veterinario que dice poder curarlos".

"Há um ótimo médico de cães lá que diz que pode curá-los."

Más tarde esa noche, el hombre dio su propio relato completo.

Mais tarde naquela noite, o homem deu seu próprio relato completo.

Habló desde un cobertizo detrás de un salón en los muelles.

Ele falou de um galpão atrás de um salão nas docas.

"Lo único que me dieron fueron cincuenta dólares", se quejó al tabernero.

"Tudo o que me deram foram cinquenta dólares", ele reclamou com o homem do bar.

"No lo volvería a hacer ni por mil dólares en efectivo".

"Eu não faria isso de novo, nem por mil em dinheiro."

Su mano derecha estaba fuertemente envuelta en un paño ensangrentado.

Sua mão direita estava firmemente enrolada em um pano ensanguentado.

La pernera de su pantalón estaba abierta de par en par desde la rodilla hasta el pie.

A perna da calça dele estava rasgada do joelho ao pé.

—¿Cuánto le pagaron al otro tipo? —preguntó el tabernero.

"Quanto o outro sujeito recebeu?" perguntou o homem do bar.

"Cien", respondió el hombre, "no aceptaría ni un centavo menos".

"Cem", respondeu o homem, "ele não aceitaria um centavo a menos".

—Eso suma ciento cincuenta —dijo el tabernero.

"Isso dá cento e cinquenta", disse o homem do bar.

"Y él lo vale todo, o no soy más que un idiota".

"E ele vale tudo isso, ou eu não sou melhor que um idiota."

El hombre abrió los envoltorios para examinar su mano.

O homem abriu os embrulhos para examinar sua mão.

La mano estaba gravemente desgarrada y cubierta de sangre seca.

A mão estava muito rasgada e coberta de sangue seco.

"Si no consigo la hidrofobia..." empezó a decir.

"Se eu não tiver hidrofobia..." ele começou a dizer.

"Será porque naciste para la horca", dijo entre risas.

"Será porque você nasceu para ser enforcado", riu alguém.

"Ven a ayudarme antes de irte", le pidieron.

"Venha me ajudar antes de ir", ele foi solicitado.

Buck estaba aturdido por el dolor en la lengua y la garganta.

Buck estava atordoado por causa da dor na língua e na garganta.

Estaba medio estrangulado y apenas podía mantenerse en pie.

Ele estava meio estrangulado e mal conseguia ficar de pé.

Aún así, Buck intentó enfrentar a los hombres que lo habían lastimado.

Mesmo assim, Buck tentou encarar os homens que o machucaram tanto.

Pero lo derribaron y lo estrangularon una vez más. ·

Mas eles o jogaram no chão e o sufocaram novamente.

Sólo entonces pudieron quitarle el pesado collar de bronce.

Só então eles conseguiram serrar sua pesada coleira de latão.

Le quitaron la cuerda y lo metieron en una caja.

Eles removeram a corda e o empurraram para dentro de uma caixa.

La caja era pequeña y tenía la forma de una tosca jaula de hierro.

A caixa era pequena e tinha o formato de uma gaiola de ferro rústica.

Buck permaneció allí toda la noche, lleno de ira y orgullo herido.

Buck ficou ali a noite toda, cheio de ira e orgulho ferido.

No podía ni siquiera empezar a comprender lo que le estaba pasando.

Ele não conseguia nem começar a entender o que estava acontecendo com ele.

¿Por qué estos hombres extraños lo mantenían en esa pequeña caja?

Por que esses homens estranhos o mantinham nessa pequena caixa?

¿Qué querían de él y por qué este cruel cautiverio?

O que queriam com ele e por que esse cativeiro cruel?

Sintió una presión oscura; una sensación de desastre que se acercaba.

Ele sentiu uma pressão sombria; uma sensação de desastre se aproximando.

Era un miedo vago, pero que se apoderó pesadamente de su espíritu.

Era um medo vago, mas que se instalou fortemente em seu espírito.

Saltó varias veces cuando la puerta del cobertizo vibró.

Várias vezes ele pulou quando a porta do galpão fez barulho.

Esperaba que el juez o los muchachos aparecieran y lo rescataran.

Ele esperava que o Juiz ou os meninos aparecessem e o resgatassem.

Pero cada vez sólo se asomaba el rostro gordo del tabernero.

Mas apenas o rosto gordo do dono do bar aparecia lá dentro todas as vezes.

El rostro del hombre estaba iluminado por el tenue resplandor de una vela de sebo.

O rosto do homem estava iluminado pelo brilho fraco de uma vela de sebo.

Cada vez, el alegre ladrido de Buck cambiaba a un gruñido bajo y enojado.

A cada vez, o latido alegre de Buck se transformava em um rosnado baixo e raivoso.

El tabernero lo dejó solo durante la noche en el cajón.

O dono do bar o deixou sozinho durante a noite na caixa

Pero cuando se despertó por la mañana, venían más hombres.

Mas quando ele acordou de manhã, mais homens estavam chegando.

Llegaron cuatro hombres y recogieron la caja con cuidado y sin decir palabra.

Quatro homens vieram e pegaram cuidadosamente a caixa sem dizer uma palavra.

Buck supo de inmediato en qué situación se encontraba.

Buck soube imediatamente da situação em que se encontrava.

Eran otros torturadores contra los que tenía que luchar y a los que tenía que temer.

Eles eram outros algozes que ele tinha que lutar e temer.

Estos hombres parecían malvados, andrajosos y muy mal arreglados.

Esses homens pareciam perversos, esfarrapados e muito maltratados.

Buck gruñó y se abalanzó sobre ellos ferozmente a través de los barrotes.

Buck rosnou e investiu ferozmente contra eles através das grades.

Ellos simplemente se rieron y lo golpearon con largos palos de madera.

Eles apenas riram e o cutucaram com longos pedaços de madeira.

Buck mordió los palos y luego se dio cuenta de que eso era lo que les gustaba.

Buck mordeu os gravetos e então percebeu que era disso que eles gostavam.

Así que se quedó acostado en silencio, hosco y ardiendo de rabia silenciosa.

Então ele se deitou em silêncio, taciturno e ardendo de raiva silenciosa.

Subieron la caja a un carro y se fueron con él.

Eles colocaram a caixa em uma carroça e foram embora com ele.

La caja, con Buck encerrado dentro, cambiaba de manos a menudo.

A caixa, com Buck trancado dentro, trocava de mãos com frequência.

Los empleados de la oficina exprés se hicieron cargo de él y lo atendieron brevemente.

Os funcionários do escritório Express assumiram o controle e o atenderam rapidamente.

Luego, otro carro transportó a Buck a través de la ruidosa ciudad.

Depois, outra carroça levou Buck pela cidade barulhenta.

Un camión lo llevó con cajas y paquetes a un ferry.

Um caminhão o levou com caixas e pacotes para uma balsa.

Después de cruzar, el camión lo descargó en una estación ferroviaria.

Após a travessia, o caminhão o descarregou em um depósito ferroviário.

Finalmente, colocaron a Buck dentro de un vagón expreso que lo esperaba.

Por fim, Buck foi colocado dentro de um vagão expresso que o aguardava.

Durante dos días y dos noches, los trenes arrastraron el vagón expreso.

Durante dois dias e duas noites, os trens puxaram o vagão expresso.

Buck no comió ni bebió durante todo el doloroso viaje.

Buck não comeu nem bebeu durante toda a dolorosa jornada.

Cuando los mensajeros expresos intentaron acercarse a él, gruñó.

Quando os mensageiros expressos tentaram se aproximar dele, ele rosnou.

Ellos respondieron burlándose de él y molestándolo cruelmente.

Eles responderam zombando dele e provocando-o cruelmente.

Buck se arrojó contra los barrotes, echando espuma y temblando.

Buck se jogou nas grades, espumando e tremendo

Se rieron a carcajadas y se burlaron de él como matones del patio de la escuela.

Eles riram alto e o provocaram como valentões de pátio de escola.

Ladraban como perros de caza y agitaban los brazos.
Eles latiam como cães falsos e batiam os braços.
Incluso cantaron como gallos sólo para molestarlo más.
Eles até cantaram como galos só para irritá-lo ainda mais.
Fue un comportamiento tonto y Buck sabía que era ridículo.
Era um comportamento tolo, e Buck sabia que era ridículo.
Pero eso sólo profundizó su sentimiento de indignación y vergüenza.
Mas isso só aprofundou seu sentimento de indignação e vergonha.
Durante el viaje no le molestó mucho el hambre.
Ele não se incomodou muito com a fome durante a viagem.
Pero la sed traía consigo un dolor agudo y un sufrimiento insoportable.
Mas a sede trazia uma dor aguda e um sofrimento insuportável.
Su garganta y lengua secas e inflamadas ardían de calor.
Sua garganta e língua secas e inflamadas queimavam de calor.
Este dolor alimentó la fiebre que crecía dentro de su orgulloso cuerpo.
Essa dor alimentava a febre que crescia em seu corpo orgulhoso.
Buck estuvo agradecido por una sola cosa durante esta prueba.
Buck ficou grato por uma única coisa durante esse julgamento.
Le habían quitado la cuerda que le rodeaba el grueso cuello.
A corda havia sido retirada de seu pescoço grosso.
La cuerda había dado a esos hombres una ventaja injusta y cruel.
A corda deu àqueles homens uma vantagem injusta e cruel.
Ahora la cuerda había desaparecido y Buck juró que nunca volvería.
Agora a corda havia sumido, e Buck jurou que ela nunca mais voltaria.
Decidió que nunca más volvería a pasarle una cuerda al cuello.

Ele decidiu que nunca mais colocaria uma corda em seu pescoço.

Durante dos largos días y noches sufrió sin comer.

Durante dois longos dias e noites, ele sofreu sem comida.

Y en esas horas se fue acumulando en su interior una rabia enorme.

E nessas horas ele acumulava uma raiva enorme dentro de si.

Sus ojos se volvieron inyectados en sangre y salvajes por la ira constante.

Seus olhos ficaram vermelhos e selvagens devido à raiva constante.

Ya no era Buck, sino un demonio con mandíbulas chasqueantes.

Ele não era mais Buck, mas um demônio com mandíbulas afiadas.

Ni siquiera el juez habría reconocido a esta loca criatura.

Nem mesmo o Juiz reconheceria essa criatura louca.

Los mensajeros exprés suspiraron aliviados cuando llegaron a Seattle.

Os mensageiros expressos suspiraram de alívio quando chegaram a Seattle

Cuatro hombres levantaron la caja y la llevaron a un patio trasero.

Quatro homens levantaram a caixa e a levaram para um quintal.

El patio era pequeño, rodeado de muros altos y sólidos.

O pátio era pequeno, cercado por muros altos e sólidos.

Un hombre corpulento salió con una camisa roja holgada.

Um homem grande saiu vestindo uma camisa vermelha larga.

Firmó el libro de entrega con letra gruesa y atrevida.

Ele assinou o livro de entrega com uma letra grossa e ousada.

Buck sintió de inmediato que este hombre era su próximo torturador.

Buck percebeu imediatamente que aquele homem seria seu próximo algoz.

Se abalanzó violentamente contra los barrotes, con los ojos rojos de furia.

Ele investiu violentamente contra as barras, com os olhos vermelhos de fúria.

El hombre simplemente sonrió oscuramente y fue a buscar un hacha.

O homem apenas deu um sorriso sombrio e foi buscar um machado.

También traía un garrote en su gruesa y fuerte mano derecha.

Ele também trouxe um porrete em sua grossa e forte mão direita.

"¿Vas a sacarlo ahora?" preguntó preocupado el conductor.

"Você vai tirá-lo agora?", perguntou o motorista, preocupado.

—Claro —dijo el hombre, metiendo el hacha en la caja a modo de palanca.

"Claro", disse o homem, enfiando o machado na caixa como uma alavanca.

Los cuatro hombres se dispersaron instantáneamente y saltaron al muro del patio.

Os quatro homens se espalharam instantaneamente, pulando no muro do pátio.

Desde sus lugares seguros arriba, esperaban para observar el espectáculo.

De seus lugares seguros acima, eles esperaram para assistir ao espetáculo.

Buck se abalanzó sobre la madera astillada, mordiéndola y sacudiéndola ferozmente.

Buck investiu contra a madeira lascada, mordendo e sacudindo ferozmente.

Cada vez que el hacha golpeaba la jaula, Buck estaba allí para atacarla.

Cada vez que o machado batia na gaiola, Buck estava lá para atacá-lo.

Gruñó y chasqueó los dientes con furia salvaje, ansioso por ser liberado.

Ele rosnou e estalou com raiva selvagem, ansioso para ser libertado.

El hombre que estaba afuera estaba tranquilo y firme, concentrado en su tarea.

O homem lá fora estava calmo e firme, concentrado em sua tarefa.

"Muy bien, demonio de ojos rojos", dijo cuando el agujero fue grande.

"Certo então, seu demônio de olhos vermelhos", ele disse quando o buraco ficou grande.

Dejó caer el hacha y tomó el garrote con su mano derecha.

Ele largou o machado e pegou o porrete na mão direita.

Buck realmente parecía un demonio; con los ojos inyectados en sangre y llameantes.

Buck realmente parecia um demônio; olhos vermelhos e flamejantes.

Su pelaje se erizó, le salía espuma por la boca y sus ojos brillaban.

Seu pelo estava eriçado, espuma saía de sua boca e seus olhos brilhavam.

Tensó los músculos y se lanzó directamente hacia el suéter rojo.

Ele contraiu os músculos e saltou direto para o suéter vermelho.

Ciento cuarenta libras de furia volaron hacia el hombre tranquilo.

Cento e quarenta libras de fúria voaram em direção ao homem calmo.

Justo antes de que sus mandíbulas se cerraran, un golpe terrible lo golpeó.

Pouco antes de suas mandíbulas se fecharem, um golpe terrível o atingiu.

Sus dientes chasquearon al chocar contra nada más que el aire.

Seus dentes estalaram em nada além de ar

Una sacudida de dolor resonó a través de su cuerpo

uma pontada de dor reverberou por seu corpo

Dio una vuelta en el aire y se estrelló sobre su espalda y su costado.

Ele girou no ar e caiu de costas e de lado.

Nunca antes había sentido el golpe de un garrote y no podía agarrarlo.

Ele nunca havia sentido um golpe de taco antes e não conseguia segurá-lo.

Con un gruñido estridente, mitad ladrido, mitad grito, saltó de nuevo.

Com um rosnado estridente, parte latido, parte grito, ele saltou novamente.

Otro golpe brutal lo alcanzó y lo arrojó al suelo.

Outro golpe brutal o atingiu e o jogou no chão.

Esta vez Buck lo entendió: era el pesado garrote del hombre.

Desta vez, Buck entendeu: era o pesado porrete do homem.

Pero la rabia lo cegó y no pensó en retirarse.

Mas a raiva o cegou, e ele não pensou em recuar.

Doce veces se lanzó y doce veces cayó.

Doze vezes ele se lançou e doze vezes caiu.

El palo de madera lo golpeaba cada vez con una fuerza despiadada y aplastante.

O porrete de madeira o esmagava todas as vezes com uma força implacável e esmagadora.

Después de un golpe feroz, se tambaleó hasta ponerse de pie, aturdido y lento.

Depois de um golpe violento, ele cambaleou e ficou de pé, atordoado e lento.

Le salía sangre de la boca, de la nariz y hasta de las orejas.

Sangue escorria de sua boca, nariz e até mesmo de suas orelhas.

Su pelaje, otrora hermoso, estaba manchado de espuma sanguinolenta.

Seu pelo, antes lindo, estava manchado de espuma ensanguentada.

Entonces el hombre se adelantó y le dio un golpe tremendo en la nariz.

Então o homem se aproximou e desferiu um golpe violento no nariz.

La agonía fue más aguda que cualquier cosa que Buck
hubiera sentido jamás.

A agonia era mais aguda do que qualquer coisa que Buck já
havia sentido.

Con un rugido más de bestia que de perro, saltó nuevamente
para atacar.

Com um rugido mais de animal do que de cachorro, ele saltou
novamente para atacar.

Pero el hombre se agarró la mandíbula inferior y la torció
hacia atrás.

Mas o homem agarrou seu maxilar inferior e o torceu para
trás.

Buck se dio una vuelta de cabeza y volvió a caer con fuerza.

Buck virou de cabeça para baixo e caiu com força novamente.

Una última vez, Buck cargó contra él, ahora apenas capaz de
mantenerse en pie.

Uma última vez, Buck investiu contra ele, agora mal
conseguindo ficar de pé.

El hombre atacó con una sincronización experta, dando el
golpe final.

O homem atacou com precisão e precisão, desferindo o golpe
final.

Buck se desplomó en un montón, inconsciente e inmóvil.

Buck caiu no chão, inconsciente e imóvel.

"No es ningún inútil a la hora de domar perros, eso es lo que
digo", gritó un hombre.

"Ele não é nenhum idiota em domar cães, é o que eu digo",
gritou um homem.

"Druther puede quebrar la voluntad de un perro cualquier
día de la semana".

"Druther pode quebrar a vontade de um cão em qualquer dia
da semana."

"¡Y dos veces el domingo!" añadió el conductor.

"E duas vezes num domingo!" acrescentou o motorista.

Se subió al carro y tiró de las riendas para partir.

Ele subiu na carroça e estalou as rédeas para sair.

Buck recuperó lentamente el control de su conciencia.

Buck recuperou lentamente o controle de sua consciência

Pero su cuerpo todavía estaba demasiado débil y roto para moverse.

mas seu corpo ainda estava muito fraco e quebrado para se mover.

Se quedó donde había caído, observando al hombre del suéter rojo.

Ele ficou deitado onde havia caído, observando o homem de suéter vermelho.

"Responde al nombre de Buck", dijo el hombre, leyendo en voz alta.

"Ele atende pelo nome de Buck", disse o homem, lendo em voz alta.

Citó la nota enviada con la caja de Buck y los detalles.

Ele citou a nota enviada com a caixa de Buck e detalhes.

—Bueno, Buck, muchacho —continuó el hombre con tono amistoso—.

"Bem, Buck, meu rapaz", continuou o homem com um tom amigável,

"Hemos tenido nuestra pequeña pelea y ahora todo ha terminado entre nosotros".

"tivemos nossa pequena briga, e agora acabou entre nós."

"Tú has aprendido cuál es tu lugar y yo he aprendido cuál es el mío", añadió.

"Você aprendeu o seu lugar e eu aprendi o meu", acrescentou.

"Sé bueno y todo irá bien y la vida será placentera".

"Seja bom, e tudo correrá bem, e a vida será agradável."

"Pero si te portas mal, te daré una paliza, ¿entiendes?"

"Mas seja mau e eu vou te dar uma surra, entendeu?"

Mientras hablaba, extendió la mano y acarició la cabeza dolorida de Buck.

Enquanto falava, ele estendeu a mão e afagou a cabeça dolorida de Buck.

El cabello de Buck se erizó ante el toque del hombre, pero no se resistió.

Os cabelos de Buck se arrepiaram ao toque do homem, mas ele não resistiu.

El hombre le trajo agua, que Buck bebió a grandes tragos.
O homem trouxe-lhe água, que Buck bebeu em grandes goles.

Luego vino la carne cruda, que Buck devoró trozo a trozo.
Depois veio a carne crua, que Buck devorou pedaço por pedaço.

Sabía que estaba derrotado, pero también sabía que no estaba roto.
Ele sabia que estava derrotado, mas também sabia que não estava quebrado.

No tenía ninguna posibilidad contra un hombre armado con un garrote.
Ele não tinha chance contra um homem armado com um porrete.

Había aprendido la verdad y nunca olvidó esa lección.
Ele aprendeu a verdade e nunca esqueceu essa lição.

Esa arma fue el comienzo de la ley en el nuevo mundo de Buck.
Aquela arma foi o início da lei no novo mundo de Buck.

Fue el comienzo de un orden duro y primitivo que no podía negar.
Foi o início de uma ordem dura e primitiva que ele não podia negar.

Aceptó la verdad; sus instintos salvajes ahora estaban despiertos.
Ele aceitou a verdade; seus instintos selvagens agora estavam despertos.

El mundo se había vuelto más duro, pero Buck lo afrontó con valentía.
O mundo ficou mais duro, mas Buck o enfrentou bravamente.

Afrontó la vida con nueva cautela, astucia y fuerza silenciosa.
Ele enfrentou a vida com nova cautela, astúcia e força silenciosa.

Llegaron más perros, atados con cuerdas o cajas como había estado Buck.
Mais cães chegaram, amarrados em cordas ou caixas, como Buck havia estado.

Algunos perros llegaron con calma, otros se enfurecieron y pelearon como bestias salvajes.

Alguns cães vinham calmamente, outros se enfureciam e lutavam como feras selvagens.

Todos ellos quedaron bajo el dominio del hombre del suéter rojo.

Todos eles foram colocados sob o domínio do homem de suéter vermelho.

Cada vez, Buck observaba y veía cómo se desarrollaba la misma lección.

Cada vez, Buck observava e via a mesma lição se desenrolar.

El hombre con el garrote era la ley, un amo al que había que obedecer.

O homem com o porrete era a lei; um mestre a ser obedecido.

No necesitaba ser querido, pero sí obedecido.

Ele não precisava ser gostado, mas tinha que ser obedecido.

Buck nunca adulaba ni meneaba la cola como lo hacían los perros más débiles.

Buck nunca bajulava ou abanava o rabo como os cães mais fracos faziam.

Vio perros que estaban golpeados y todavía lamían la mano del hombre.

Ele viu cães que foram espancados e ainda lamberam a mão do homem.

Vio un perro que no obedecía ni se sometía en absoluto.

Ele viu um cachorro que não obedecia nem se submetia.

Ese perro luchó hasta que murió en la batalla por el control.

Aquele cão lutou até ser morto na batalha pelo controle.

A veces, desconocidos venían a ver al hombre del suéter rojo.

Às vezes, estranhos vinham ver o homem de suéter vermelho.

Hablaban en tonos extraños, suplicando, negociando y riendo.

Eles falavam em tons estranhos, implorando, barganhando e rindo.

Cuando se intercambiaba dinero, se iban con uno o más perros.

Quando o dinheiro era trocado, eles saíam com um ou mais cães.

Buck se preguntó a dónde habían ido esos perros, pues ninguno regresaba jamás.

Buck se perguntou para onde esses cães foram, pois nenhum deles jamais retornou.

El miedo a lo desconocido llenaba a Buck cada vez que un hombre extraño se acercaba.

O medo do desconhecido enchia Buck toda vez que um homem estranho aparecia

Se alegraba cada vez que se llevaban a otro perro en lugar de a él mismo.

ele ficava feliz cada vez que outro cachorro era levado, em vez dele.

Pero finalmente, llegó el turno de Buck con la llegada de un hombre extraño.

Mas finalmente chegou a vez de Buck com a chegada de um homem estranho.

Era pequeño, fibroso y hablaba un inglés deficiente y decía palabrotas.

Ele era pequeno, magro, falava um inglês quebrado e xingava.

—¡Sacredam! —gritó cuando vio el cuerpo de Buck.

"Sacredam!" ele gritou quando pôs os olhos no corpo de Buck.

—¡Qué perro tan bravucón! ¿Eh? ¿Cuánto? —preguntó en voz alta.

"Esse cachorro é um valentão! Hein? Quanto?", perguntou ele em voz alta.

"Trescientos, y es un regalo a ese precio".

"Trezentos, e ele é um presente por esse preço,"

—Como es dinero del gobierno, no deberías quejarte, Perrault.

"Já que é dinheiro do governo, você não deveria reclamar, Perrault."

Perrault sonrió ante el trato que acababa de hacer con aquel hombre.

Perrault sorriu para o acordo que tinha acabado de fazer com o homem.

El precio de los perros se disparó debido a la repentina demanda.

O preço dos cães disparou devido à demanda repentina.

Trescientos dólares no era injusto para una bestia tan bella.

Trezentos dólares não era injusto por um animal tão bom.

El gobierno canadiense no perdería nada con el acuerdo

O governo canadense não perderia nada no acordo

Además sus despachos oficiales tampoco sufrirían demoras en el tránsito.

Nem seus despachos oficiais seriam atrasados no trânsito.

Perrault conocía bien a los perros y podía ver que Buck era algo raro.

Perrault conhecia bem os cães e podia ver que Buck era algo raro.

"Uno entre diez diez mil", pensó mientras estudiaba la complexión de Buck.

"Um em dez mil", pensou ele, enquanto estudava a constituição física de Buck.

Buck vio que el dinero cambiaba de manos, pero no mostró sorpresa.

Buck viu o dinheiro mudar de mãos, mas não demonstrou surpresa.

Pronto él y Curly, un gentil Terranova, fueron llevados lejos.

Logo ele e Curly, um dócil Terra Nova, foram levados embora.

Siguieron al hombrecito desde el patio del suéter rojo.

Eles seguiram o homenzinho do quintal do suéter vermelho.

Esa fue la última vez que Buck vio al hombre con el garrote de madera.

Essa foi a última vez que Buck viu o homem com o porrete de madeira.

Desde la cubierta del Narwhal vio cómo Seattle se desvanecía en la distancia.

Do convés do Narwhal, ele observou Seattle desaparecer na distância.

También fue la última vez que vio las cálidas tierras del Sur.

Foi também a última vez que ele viu a cálida região de Southland.

Perrault los llevó bajo cubierta y los dejó con François.

Perrault os levou para o convés inferior e os deixou com François.

François era un gigante de cara negra y manos ásperas y callosas.

François era um gigante de rosto negro e mãos ásperas e calejadas.

Era oscuro y moreno, un mestizo francocanadiense.

Ele era moreno e mestiço franco-canadense.

Para Buck, estos hombres eran de un tipo que nunca había visto antes.

Para Buck, esses homens eram de um tipo que ele nunca tinha visto antes.

En los días venideros conocería a muchos hombres así.

Ele conheceria muitos homens assim nos dias seguintes.

No llegó a encariñarse con ellos, pero llegó a respetarlos.

Ele não gostava deles, mas passou a respeitá-los.

Eran justos y sabios, y no se dejaban engañar fácilmente por ningún perro.

Eles eram justos e sábios, e não eram facilmente enganados por nenhum cão.

Juzgaban a los perros con calma y castigaban sólo cuando lo merecían.

Eles julgavam os cães com calma e puniam apenas quando merecido.

En la cubierta inferior del Narwhal, Buck y Curly se encontraron con dos perros.

No convés inferior do Narwhal, Buck e Curly encontraram dois cães.

Uno de ellos era un gran perro blanco procedente de la lejana y gélida región de Spitzbergen.

Um deles era um grande cão branco da distante e gelada Spitzbergen.

Una vez navegó con un ballenero y se unió a un grupo de investigación.

Certa vez, ele navegou com um baleeiro e se juntou a um grupo de pesquisa.

Era amigable de una manera astuta, deshonesta y tramposa.
Ele era amigável de uma forma astuta, dissimulada e ardilosa.
En su primera comida, robó un trozo de carne de la sartén de Buck.
Na primeira refeição, ele roubou um pedaço de carne da panela de Buck.
Buck saltó para castigarlo, pero el látigo de François golpeó primero.
Buck saltou para puni-lo, mas o chicote de François o atingiu primeiro.
El ladrón blanco gritó y Buck recuperó el hueso robado.
O ladrão branco gritou, e Buck recuperou o osso roubado.
Esa imparcialidad impresionó a Buck y François se ganó su respeto.
Essa justiça impressionou Buck, e François conquistou seu respeito.
El otro perro no saludó y no quiso recibir saludos a cambio.
O outro cão não cumprimentou e não quis receber nada em troca.
No robaba comida ni olfateaba con interés a los recién llegados.
Ele não roubou comida, nem cheirou os recém-chegados com interesse.
Este perro era sombrío y silencioso, melancólico y de movimientos lentos.
Este cão era sombrio e quieto, sombrio e lento.
Le advirtió a Curly que se mantuviera alejada simplemente mirándola fijamente.
Ele avisou Curly para ficar longe, simplesmente olhando feio para ela.
Su mensaje fue claro: déjenme en paz o habrá problemas.
Sua mensagem foi clara: deixe-me em paz ou haverá problemas.
Se llamaba Dave y apenas se fijaba en su entorno.
Ele se chamava Dave e mal notava o que estava ao seu redor.
Dormía a menudo, comía tranquilamente y bostezaba de vez en cuando.

Ele dormia bastante, comia em silêncio e bocejava de vez em quando.

El barco zumbaba constantemente con la hélice golpeando debajo.
O navio zumbia constantemente com a hélice batendo abaixo.
Los días pasaron con pocos cambios, pero el clima se volvió más frío.
Os dias passaram com pouca mudança, mas o clima ficou mais frio.
Buck podía sentirlo en sus huesos y notó que los demás también lo sentían.
Buck podia sentir isso em seus ossos e percebeu que os outros também sentiam.
Entonces, una mañana, la hélice se detuvo y todo quedó en silencio.
Então, uma manhã, a hélice parou e tudo ficou quieto.
Una energía recorrió la nave; algo había cambiado.
Uma energia percorreu a nave; algo havia mudado.
François bajó, les puso las correas y los trajo arriba.
François desceu, prendeu-os nas coleiras e os trouxe para cima.
Buck salió y encontró el suelo suave, blanco y frío.
Buck saiu e encontrou o chão macio, branco e frio.
Saltó hacia atrás alarmado y resopló totalmente confundido.
Ele pulou para trás, alarmado, e bufou, totalmente confuso.
Una extraña sustancia blanca caía del cielo gris.
Uma coisa branca estranha estava caindo do céu cinza.
Se sacudió, pero los copos blancos seguían cayendo sobre él.
Ele se sacudiu, mas os flocos brancos continuavam caindo nele.
Olió con cuidado la sustancia blanca y lamió algunos trocitos helados.
Ele cheirou a substância branca cuidadosamente e lambeu alguns pedaços congelados.
El polvo ardió como fuego y luego desapareció de su lengua.
O pó queimou como fogo e depois desapareceu de sua língua.

Buck lo intentó de nuevo, desconcertado por la extraña frialdad que desaparecía.

Buck tentou novamente, intrigado pelo estranho frio que desaparecia.

Los hombres que lo rodeaban se rieron y Buck se sintió avergonzado.

Os homens ao redor dele riram e Buck se sentiu envergonhado.

No sabía por qué, pero le avergonzaba su reacción.

Ele não sabia porquê, mas estava envergonhado de sua reação.

Fue su primera experiencia con la nieve y le confundió.

Foi sua primeira experiência com neve e isso o deixou confuso.

La ley del garrote y el colmillo
A Lei do Clube e da Presa

El primer día de Buck en la playa de Dyea se sintió como una terrible pesadilla.

O primeiro dia de Buck na praia de Dyea pareceu um pesadelo terrível.

Cada hora traía nuevas sorpresas y cambios inesperados para Buck.

Cada hora trazia novos choques e mudanças inesperadas para Buck.

Lo habían sacado de la civilización y lo habían arrojado a un caos salvaje.

Ele foi arrancado da civilização e jogado no caos selvagem.

Aquella no era una vida soleada y tranquila, llena de aburrimiento y descanso.

Não era uma vida ensolarada, preguiçosa, cheia de tédio e descanso.

No había paz, ni descanso, ni momento sin peligro.

Não havia paz, nem descanso, nem momento algum sem perigo.

La confusión lo dominaba todo y el peligro siempre estaba cerca.

A confusão reinava em tudo e o perigo estava sempre por perto.

Buck tuvo que mantenerse alerta porque estos hombres y perros eran diferentes.

Buck teve que ficar alerta porque esses homens e cães eram diferentes.

No eran de pueblos; eran salvajes y sin piedad.

Eles não eram de cidades; eram selvagens e sem misericórdia.

Estos hombres y perros sólo conocían la ley del garrote y el colmillo.

Esses homens e cães só conheciam a lei da clava e das presas.

Buck nunca había visto perros pelear como estos salvajes huskies.

Buck nunca tinha visto cães brigarem como esses huskies selvagens.

Su primera experiencia le enseñó una lección que nunca olvidaría.

Sua primeira experiência lhe ensinou uma lição que ele nunca esqueceria.

Tuvo suerte de que no fuera él, o habría muerto también.

Ele teve sorte de não ter sido ele, ou ele também teria morrido.

Curly fue el que sufrió mientras Buck observaba y aprendía.

Curly foi quem sofreu enquanto Buck observava e aprendia.

Habían acampado cerca de una tienda construida con troncos.

Eles montaram acampamento perto de uma loja construída com toras.

Curly intentó ser amigable con un husky grande, parecido a un lobo.

Curly tentou ser amigável com um grande husky parecido com um lobo.

El husky era más pequeño que Curly, pero parecía salvaje y malvado.

O husky era menor que Curly, mas parecia selvagem e malvado.

Sin previo aviso, saltó y le abrió el rostro.

Sem aviso, ele pulou e abriu o rosto dela.

Sus dientes la atravesaron desde el ojo hasta la mandíbula en un solo movimiento.

Os dentes dele cortaram do olho dela até o maxilar em um só movimento.

Así era como peleaban los lobos: golpeaban rápido y saltaban.

Era assim que os lobos lutavam: atacavam rápido e pulavam para longe.

Pero había mucho más que aprender de ese único ataque.

Mas havia mais a aprender do que apenas naquele ataque.

Decenas de huskies entraron corriendo y formaron un círculo silencioso.

Dezenas de huskies correram e formaram um círculo silencioso.

Observaron atentamente y se lamieron los labios con hambre.

Eles observavam atentamente e lambiam os lábios de fome.

Buck no entendió su silencio ni sus miradas ansiosas.

Buck não entendia o silêncio deles nem seus olhares ansiosos.

Curly se apresuró a atacar al husky por segunda vez.

Curly correu para atacar o husky uma segunda vez.

Él usó su pecho para derribarla con un movimiento fuerte.

Ele usou o peito para derrubá-la com um movimento forte.

Ella cayó de lado y no pudo levantarse más.

Ela caiu de lado e não conseguiu se levantar.

Eso era lo que los demás habían estado esperando todo el tiempo.

Era isso que os outros estavam esperando o tempo todo.

Los perros esquimales saltaron sobre ella, aullando y gruñendo frenéticamente.

Os huskies pularam sobre ela, gritando e rosnando freneticamente.

Ella gritó cuando la enterraron bajo una pila de perros.

Ela gritou quando a enterraram sob uma pilha de cachorros.

El ataque fue tan rápido que Buck se quedó paralizado por la sorpresa.

O ataque foi tão rápido que Buck ficou paralisado em choque.

Vio a Spitz sacar la lengua de una manera que parecía una risa.

Ele viu Spitz colocar a língua para fora de um jeito que parecia uma risada.

François cogió un hacha y corrió directamente hacia el grupo de perros.

François pegou um machado e correu direto para o grupo de cães.

Otros tres hombres usaron palos para ayudar a ahuyentar a los perros esquimales.

Três outros homens usaram cassetetes para ajudar a espantar os huskies.

En sólo dos minutos, la pelea terminó y los perros desaparecieron.

Em apenas dois minutos, a luta acabou e os cães foram embora.

Curly yacía muerta en la nieve roja y pisoteada, con su cuerpo destrozado.

Curly jazia morta na neve vermelha e pisoteada, com o corpo despedaçado.

Un hombre de piel oscura estaba de pie sobre ella, maldiciendo la brutal escena.

Um homem de pele escura estava de pé sobre ela, amaldiçoando a cena brutal.

El recuerdo permaneció con Buck y atormentó sus sueños por la noche.

A lembrança permaneceu com Buck e assombrava seus sonhos à noite.

Así era aquí: sin justicia, sin segundas oportunidades.

Esse era o jeito aqui: sem justiça, sem segunda chance.

Una vez que un perro caía, los demás lo mataban sin piedad.

Quando um cachorro caía, os outros o matavam sem piedade.

Buck decidió entonces que nunca se permitiría caer.

Buck decidiu então que nunca se deixaria cair.

Spitz volvió a sacar la lengua y se rió de la sangre.

Spitz mostrou a língua novamente e riu do sangue.

Desde ese momento, Buck odió a Spitz con todo su corazón.

Daquele momento em diante, Buck odiou Spitz de todo o coração.

Antes de que Buck pudiera recuperarse de la muerte de Curly, sucedió algo nuevo.

Antes que Buck pudesse se recuperar da morte de Curly, algo novo aconteceu.

François se acercó y ató algo alrededor del cuerpo de Buck.

François se aproximou e amarrou algo ao redor do corpo de Buck.

Era un arnés como los que usaban los caballos en el rancho.

Era um arreio como os usados nos cavalos da fazenda.

Así como Buck había visto trabajar a los caballos, ahora él también estaba obligado a trabajar.

Assim como Buck tinha visto os cavalos trabalharem, agora ele também era obrigado a trabalhar.

Tuvo que arrastrar a François en un trineo hasta el bosque cercano.

Ele teve que puxar François em um trenó para a floresta próxima.

Después tuvo que arrastrar una carga de leña pesada.

Depois ele teve que puxar uma carga pesada de lenha.

Buck era orgulloso, por eso le dolía que lo trataran como a un animal de trabajo.

Buck era orgulhoso, então ficava magoado ao ser tratado como um animal de trabalho.

Pero él era sabio y no intentó luchar contra la nueva situación.

Mas ele era sábio e não tentou lutar contra a nova situação.

Aceptó su nueva vida y dio lo mejor de sí en cada tarea.

Ele aceitou sua nova vida e deu o melhor de si em cada tarefa.

Todo en la obra le resultaba extraño y desconocido.

Tudo no trabalho era estranho e desconhecido para ele.

Francisco era estricto y exigía obediencia sin demora.

Francisco era rigoroso e exigia obediência sem demora.

Su látigo garantizaba que cada orden fuera seguida al instante.

Seu chicote garantia que cada comando fosse seguido imediatamente.

Dave era el que conducía el trineo, el perro que estaba más cerca de él, detrás de Buck.

Dave era o condutor do trenó, e o cachorro ficava mais próximo dele, atrás de Buck.

Dave mordió a Buck en las patas traseras si cometía un error.

Dave mordia Buck nas patas traseiras se ele cometesse um erro.

Spitz era el perro líder, hábil y experimentado en su función.

Spitz era o cão líder, habilidoso e experiente na função.

Spitz no pudo alcanzar a Buck fácilmente, pero aún así lo corrigió.

Spitz não conseguiu alcançar Buck facilmente, mas mesmo assim o corrigiu.

Gruñó con dureza o tiró del trineo de maneras que le enseñaron a Buck.

Ele rosnava asperamente ou puxava o trenó de um jeito que ensinava Buck.

Con este entrenamiento, Buck aprendió más rápido de lo que cualquiera de ellos esperaba.

Com esse treinamento, Buck aprendeu mais rápido do que qualquer um deles esperava.

Trabajó duro y aprendió tanto de François como de los otros perros.

Ele trabalhou duro e aprendeu com François e os outros cães.

Cuando regresaron, Buck ya conocía los comandos clave.

Quando retornaram, Buck já conhecia os comandos principais.

Aprendió a detenerse al oír la palabra "ho" gracias a François.

Ele aprendeu a parar ao som de "ho" com François.

Aprendió cuando tenía que tirar del trineo y correr.

Ele aprendeu quando tinha que puxar o trenó e correr.

Aprendió a girar abiertamente en las curvas del camino sin problemas.

Ele aprendeu a fazer curvas abertas na trilha sem problemas.

También aprendió a evitar a Dave cuando el trineo descendía rápidamente.

Ele também aprendeu a evitar Dave quando o trenó descia rapidamente.

"Son perros muy buenos", le dijo orgulloso François a Perrault.

"Eles são cães muito bons", disse François orgulhosamente a Perrault.

"Ese Buck tira como un demonio. Le enseño rapidísimo".

"Aquele Buck puxa muito bem, eu o ensino rápido como nunca."

Más tarde ese día, Perrault regresó con dos perros husky más.

Mais tarde naquele dia, Perrault voltou com mais dois cães husky.

Se llamaban Billee y Joe y eran hermanos.

Os nomes deles eram Billee e Joe, e eles eram irmãos.

Venían de la misma madre, pero no se parecían en nada.

Eles vieram da mesma mãe, mas não eram nada parecidos.

Billee era de carácter dulce y muy amigable con todos.

Billee era doce e muito amigável com todos.

Joe era todo lo contrario: tranquilo, enojado y siempre gruñendo.

Joe era o oposto: quieto, irritado e sempre rosnando.

Buck los saludó de manera amigable y se mostró tranquilo con ambos.

Buck os cumprimentou de forma amigável e estava calmo com ambos.

Dave no les prestó atención y permaneció en silencio como siempre.

Dave não prestou atenção neles e permaneceu em silêncio, como sempre.

Spitz atacó primero a Billee, luego a Joe, para demostrar su dominio.

Spitz atacou primeiro Billee, depois Joe, para mostrar seu domínio.

Billee movió la cola y trató de ser amigable con Spitz.

Billee abanou o rabo e tentou ser amigável com Spitz.

Cuando eso no funcionó, intentó huir.

Quando isso não funcionou, ele tentou fugir.

Lloró tristemente cuando Spitz lo mordió fuerte en el costado.

Ele chorou tristemente quando Spitz o mordeu com força na lateral do corpo.

Pero Joe era muy diferente y se negaba a dejarse intimidar.

Mas Joe era muito diferente e se recusava a ser intimidado.

Cada vez que Spitz se acercaba, Joe giraba rápidamente para enfrentarlo.

Toda vez que Spitz se aproximava, Joe se virava rapidamente para encará-lo.

Su pelaje se erizó, sus labios se curvaron y sus dientes chasquearon salvajemente.

Seus pelos se eriçaram, seus lábios se curvaram e seus dentes estalaram violentamente.

Los ojos de Joe brillaron de miedo y rabia, desafiando a Spitz a atacar.

Os olhos de Joe brilharam de medo e raiva, desafiando Spitz a atacar.

Spitz abandonó la lucha y se alejó, humillado y enojado.

Spitz desistiu da luta e se virou, humilhado e irritado.

Descargó su frustración en el pobre Billee y lo ahuyentó.

Ele descontou sua frustração no pobre Billee e o expulsou.

Esa noche, Perrault añadió un perro más al equipo.

Naquela noite, Perrault acrescentou mais um cão à equipe.

Este perro era viejo, delgado y cubierto de cicatrices de batalla.

Este cão era velho, magro e coberto de cicatrizes de batalha.

Le faltaba un ojo, pero el otro brillaba con poder.

Um dos seus olhos estava faltando, mas o outro brilhava com poder.

El nombre del nuevo perro era Solleks, que significaba "el enojado".

O nome do novo cachorro era Solleks, que significa o Zangado.

Al igual que Dave, Solleks no pidió nada a los demás y no dio nada a cambio.

Assim como Dave, Solleks não pedia nada aos outros e não dava nada em troca.

Cuando Solleks entró lentamente al campamento, incluso Spitz se mantuvo alejado.

Quando Solleks caminhou lentamente em direção ao acampamento, até Spitz ficou longe.

Tenía un hábito extraño que Buck tuvo la mala suerte de descubrir.

Ele tinha um hábito estranho que Buck teve o azar de descobrir.

A Solleks le disgustaba que se acercaran a él por el lado donde estaba ciego.

Solleks odiava ser abordado pelo lado em que era cego.

Buck no sabía esto y cometió ese error por accidente.

Buck não sabia disso e cometeu esse erro por acidente.

Solleks se dio la vuelta y cortó el hombro de Buck profunda y rápidamente.

Solleks girou e golpeou o ombro de Buck de forma rápida e profunda.

A partir de ese momento, Buck nunca se acercó al lado ciego de Solleks.

Daquele momento em diante, Buck nunca mais chegou perto do ponto cego de Solleks.

Nunca volvieron a tener problemas durante el resto del tiempo que estuvieron juntos.

Eles nunca mais tiveram problemas durante o tempo que passaram juntos.

Solleks sólo quería que lo dejaran solo, como el tranquilo Dave.

Solleks só queria ficar sozinho, como o quieto Dave.

Pero Buck se enteraría más tarde de que cada uno tenía otro objetivo secreto.

Mas Buck descobriria mais tarde que cada um deles tinha outro objetivo secreto.

Esa noche, Buck se enfrentó a un nuevo y preocupante desafío: cómo dormir.

Naquela noite, Buck enfrentou um novo e preocupante desafio: como dormir.

La tienda brillaba cálidamente con la luz de las velas en el campo nevado.

A tenda brilhava intensamente com a luz de velas no campo nevado.

Buck entró, pensando que podría descansar allí como antes.

Buck entrou, pensando que poderia descansar ali como antes.

Pero Perrault y François le gritaron y le lanzaron sartenes.

Mas Perrault e François gritaram com ele e jogaram panelas.

Sorprendido y confundido, Buck corrió hacia el frío helado.

Chocado e confuso, Buck correu para o frio congelante.

Un viento amargo le azotó el hombro herido y le congeló las patas.

Um vento cortante atingiu seu ombro ferido e congelou suas patas.

Se tumbó en la nieve y trató de dormir al aire libre.

Ele deitou-se na neve e tentou dormir ao relento.

Pero el frío pronto le obligó a levantarse de nuevo, temblando mucho.

Mas o frio logo o forçou a se levantar, tremendo muito.

Deambuló por el campamento intentando encontrar un lugar más cálido.

Ele vagou pelo acampamento, tentando encontrar um lugar mais quente.

Pero cada rincón estaba tan frío como el anterior.

Mas cada canto era tão frio quanto o anterior.

A veces, perros salvajes saltaban sobre él desde la oscuridad.

Às vezes, cães selvagens saltavam sobre ele da escuridão.

Buck erizó su pelaje, mostró los dientes y gruñó en señal de advertencia.

Buck eriçou o pelo, mostrou os dentes e rosnou em advertência.

Estaba aprendiendo rápido y los otros perros se alejaban rápidamente.

Ele estava aprendendo rápido, e os outros cães recuaram rapidamente.

Aún así, no tenía dónde dormir ni idea de qué hacer.

Ainda assim, ele não tinha onde dormir e nem ideia do que fazer.

Por fin se le ocurrió una idea: ver cómo estaban sus compañeros de equipo.

Por fim, um pensamento lhe ocorreu: verificar seus companheiros de equipe.

Regresó a su zona y se sorprendió al descubrir que habían desaparecido.

Ele retornou à área deles e ficou surpreso ao descobrir que eles haviam sumido.

Nuevamente buscó por todo el campamento, pero todavía no pudo encontrarlos.

Ele procurou novamente pelo acampamento, mas ainda não conseguiu encontrá-los.

Sabía que ellos no podían estar en la tienda, o él también lo estaría.

Ele sabia que eles não poderiam ficar na tenda, ou ele também ficaria.

Entonces ¿a dónde se habían ido todos los perros en este campamento helado?

Então, para onde foram todos os cães neste acampamento congelado?

Buck, frío y miserable, caminó lentamente alrededor de la tienda.

Buck, com frio e infeliz, circulou lentamente ao redor da tenda.

De repente, sus patas delanteras se hundieron en la nieve blanda y lo sobresaltó.

De repente, suas patas dianteiras afundaram na neve fofa e o assustaram.

Algo se movió bajo sus pies y saltó hacia atrás asustado.

Algo se contorceu sob seus pés e ele pulou para trás, assustado.

Gruñó y rugió sin saber qué había debajo de la nieve.

Ele rosnou e rosnou, sem saber o que havia sob a neve.

Entonces oyó un ladrido amistoso que alivió su miedo.

Então ele ouviu um latido amigável que aliviou seu medo.

Olfateó el aire y se acercó para ver qué estaba oculto.

Ele cheirou o ar e se aproximou para ver o que estava escondido.

Bajo la nieve, acurrucada en una bola cálida, estaba la pequeña Billee.

Debaixo da neve, enrolada como uma bola quente, estava a pequena Billee.

Billee movió la cola y lamió la cara de Buck para saludarlo.

Billee abanou o rabo e lambeu o rosto de Buck para cumprimentá-lo.

Buck vio cómo Billee había hecho un lugar para dormir en la nieve.

Buck viu como Billee havia feito um lugar para dormir na neve.

Había cavado y usado su propio calor para mantenerse caliente.

Ele cavou e usou seu próprio calor para se manter aquecido.

Buck había aprendido otra lección: así era como dormían los perros.

Buck aprendeu outra lição: era assim que os cães dormiam.

Eligió un lugar y comenzó a cavar su propio hoyo en la nieve.

Ele escolheu um local e começou a cavar seu próprio buraco na neve.

Al principio, se movía demasiado y desperdiciaba energía.

No começo, ele se movimentava muito e desperdiçava energia.

Pero pronto su cuerpo calentó el espacio y se sintió seguro.

Mas logo seu corpo aqueceu o espaço e ele se sentiu seguro.

Se acurrucó fuertemente y al poco tiempo estaba profundamente dormido.

Ele se enrolou fortemente e em pouco tempo estava dormindo profundamente.

El día había sido largo y duro, y Buck estaba exhausto.

O dia tinha sido longo e difícil, e Buck estava exausto.

Durmió profundamente y cómodamente, aunque sus sueños fueron salvajes.

Ele dormia profundamente e confortavelmente, embora seus sonhos fossem selvagens.

Gruñó y ladró mientras dormía, retorciéndose mientras soñaba.

Ele rosnou e latiu enquanto dormia, se contorcendo enquanto sonhava.

Buck no se despertó hasta que el campamento ya estaba cobrando vida.

Buck só acordou quando o acampamento já estava ganhando vida.

Al principio, no sabía dónde estaba ni qué había sucedido.

No início, ele não sabia onde estava ou o que tinha acontecido.

Había nevado durante la noche y había enterrado completamente su cuerpo.

A neve caiu durante a noite e enterrou completamente seu corpo.

La nieve lo apretaba por todos lados.

A neve o comprimia por todos os lados.

De repente, una ola de miedo recorrió todo el cuerpo de Buck.

De repente, uma onda de medo percorreu todo o corpo de Buck.

Era el miedo a quedar atrapado, un miedo que provenía de instintos profundos.

Era o medo de ficar preso, um medo de instintos profundos.

Aunque nunca había visto una trampa, el miedo vivía dentro de él.

Embora nunca tivesse visto uma armadilha, o medo vivia dentro dele.

Era un perro domesticado, pero ahora sus viejos instintos salvajes estaban despertando.

Ele era um cão domesticado, mas agora seus velhos instintos selvagens estavam despertando.

Los músculos de Buck se tensaron y se le erizó el pelaje por toda la espalda.

Os músculos de Buck ficaram tensos e os pelos de suas costas ficaram eriçados.

Gruñó ferozmente y saltó hacia arriba a través de la nieve.

Ele rosnou ferozmente e saltou direto da neve.

La nieve voló en todas direcciones cuando estalló la luz del día.

A neve voava em todas as direções quando ele irrompeu na luz do dia.

Incluso antes de aterrizar, Buck vio el campamento extendido ante él.

Antes mesmo de pousar, Buck viu o acampamento se espalhando diante dele.

Recordó todo del día anterior, de repente.

Ele se lembrou de tudo do dia anterior, de uma só vez.

Recordó pasear con Manuel y terminar en ese lugar.

Ele se lembra de ter passeado com Manuel e ter chegado a esse lugar.

Recordó haber cavado el hoyo y haberse quedado dormido en el frío.

Ele se lembrou de cavar o buraco e adormecer no frio.

Ahora estaba despierto y el mundo salvaje que lo rodeaba estaba claro.

Agora ele estava acordado, e o mundo selvagem ao seu redor estava claro.

Un grito de François saludó la repentina aparición de Buck.

Um grito de François saudou a aparição repentina de Buck.

—¿Qué te dije? —gritó en voz alta el conductor del perro a Perrault.

"O que eu disse?" gritou alto o condutor do cão para Perrault.

"Ese Buck sin duda aprende muy rápido", añadió François.

"Aquele Buck com certeza aprende rápido", acrescentou François.

Perrault asintió gravemente, claramente satisfecho con el resultado.

Perrault assentiu gravemente, claramente satisfeito com o resultado.

Como mensajero del gobierno canadiense, transportaba despachos.

Como mensageiro do governo canadense, ele transportava despachos.

Estaba ansioso por encontrar los mejores perros para su importante misión.

Ele estava ansioso para encontrar os melhores cães para sua importante missão.

Se sintió especialmente complacido ahora que Buck era parte del equipo.
Ele se sentia especialmente satisfeito agora que Buck fazia parte da equipe.
Se agregaron tres huskies más al equipo en una hora.
Mais três huskies foram adicionados à equipe em uma hora.
Eso elevó el número total de perros en el equipo a nueve.
Isso elevou o número total de cães na equipe para nove.
En quince minutos todos los perros estaban en sus arneses.
Em quinze minutos todos os cães estavam com seus arreios.
El equipo de trineos avanzaba por el sendero hacia Dyea Cañón.
A equipe de trenó subia a trilha em direção ao Cañon Dyea.
Buck se sintió contento de partir, incluso si el trabajo que tenía por delante era duro.
Buck estava feliz por partir, mesmo que o trabalho pela frente fosse difícil.
Descubrió que no despreciaba especialmente el trabajo ni el frío.
Ele descobriu que não desprezava particularmente o trabalho ou o frio.
Le sorprendió el entusiasmo que llenaba a todo el equipo.
Ele ficou surpreso com a empolgação que tomou conta de toda a equipe.
Aún más sorprendente fue el cambio que se produjo en Dave y Solleks.
Ainda mais surpreendente foi a mudança que ocorreu em Dave e Solleks.
Estos dos perros eran completamente diferentes cuando estaban enjaezados.
Esses dois cães eram completamente diferentes quando estavam atrelados.
Su pasividad y falta de preocupación habían desaparecido por completo.
Sua passividade e falta de preocupação haviam desaparecido completamente.

Estaban alertas y activos, y ansiosos por hacer bien su trabajo.

Eles estavam alertas e ativos, e ansiosos para fazer bem o seu trabalho.

Se irritaban ferozmente ante cualquier cosa que causara retraso o confusión.

Eles ficavam extremamente irritados com qualquer coisa que causasse atraso ou confusão.

El duro trabajo en las riendas era el centro de todo su ser.

O trabalho duro nas rédeas era o centro de todo o seu ser.

Tirar del trineo parecía ser lo único que realmente disfrutaban.

Puxar trenós parecia ser a única coisa que eles realmente gostavam.

Dave estaba en la parte de atrás del grupo, más cerca del trineo.

Dave estava no fundo do grupo, mais próximo do trenó.

Buck fue colocado delante de Dave, y Solleks se adelantó a Buck.

Buck foi colocado na frente de Dave, e Solleks saiu na frente de Buck.

El resto de los perros estaban dispersos adelante, en una sola fila.

O resto dos cães estava disposto à frente em uma única fila.

La posición de cabeza en la parte delantera quedó ocupada por Spitz.

A posição de liderança na frente foi ocupada por Spitz.

Buck había sido colocado entre Dave y Solleks para recibir instrucción.

Buck foi colocado entre Dave e Solleks para receber instruções.

Él aprendía rápido y sus profesores eran firmes y capaces.

Ele aprendia rápido, e eles eram professores firmes e capazes.

Nunca permitieron que Buck permaneciera en el error por mucho tiempo.

Eles nunca permitiram que Buck permanecesse no erro por muito tempo.

Enseñaron sus lecciones con dientes afilados cuando era necesario.

Eles ensinavam suas lições com dentes afiados quando necessário.

Dave era justo y mostraba un tipo de sabiduría tranquila y seria.

Dave era justo e demonstrava um tipo de sabedoria séria e tranquila.

Él nunca mordió a Buck sin una buena razón para hacerlo.

Ele nunca mordeu Buck sem um bom motivo para isso.

Pero nunca dejó de morder cuando Buck necesitaba corrección.

Mas ele nunca deixou de morder quando Buck precisava de correção.

El látigo de Francisco estaba siempre listo y respaldaba su autoridad.

O chicote de François estava sempre pronto e reforçava sua autoridade.

Buck pronto descubrió que era mejor obedecer que defenderse.

Buck logo descobriu que era melhor obedecer do que revidar.

Una vez, durante un breve descanso, Buck se enredó en las riendas.

Certa vez, durante um breve descanso, Buck se enroscou nas rédeas.

Retrasó el inicio y confundió los movimientos del equipo.

Ele atrasou a largada e atrapalhou o movimento do time.

Dave y Solleks se abalanzaron sobre él y le dieron una paliza brutal.

Dave e Solleks voaram em sua direção e lhe deram uma surra violenta.

El enredo sólo empeoró, pero Buck aprendió bien la lección.

A confusão só piorou, mas Buck aprendeu bem a lição.

A partir de entonces, mantuvo las riendas tensas y trabajó con cuidado.

A partir daí, ele manteve as rédeas esticadas e trabalhou com cuidado.

Antes de que terminara el día, Buck había dominado gran parte de su tarea.

Antes do dia terminar, Buck já havia dominado grande parte de sua tarefa.

Sus compañeros casi dejaron de corregirlo y morderlo.

Seus companheiros de equipe quase pararam de corrigi-lo ou mordê-lo.

El látigo de François resonaba cada vez con menos frecuencia en el aire.

O chicote de François estalava no ar cada vez menos.

Perrault incluso levantó los pies de Buck y examinó cuidadosamente cada pata.

Perrault até levantou os pés de Buck e examinou cuidadosamente cada pata.

Había sido un día de carrera duro, largo y agotador para todos ellos.

Foi um dia de corrida difícil, longo e exaustivo para todos eles.

Viajaron por el Cañón, atravesando Sheep Camp y pasando por Scales.

Eles viajaram pelo Cañon, passaram pelo Sheep Camp e passaram pelas Scales.

Cruzaron la línea de árboles, luego glaciares y bancos de nieve de muchos metros de profundidad.

Eles cruzaram a linha de madeira, depois geleiras e montes de neve com muitos metros de profundidade.

Escalaron la gran, fría y prohibitiva divisoria de Chilkoot.

Eles escalaram a grande e fria Chilkoot Divide.

Esa alta cresta se encontraba entre el agua salada y el interior helado.

Aquela alta crista ficava entre a água salgada e o interior congelado.

Las montañas custodiaban con hielo y empinadas subidas el triste y solitario Norte.

As montanhas guardavam o triste e solitário Norte com gelo e subidas íngremes.

Avanzaron a buen ritmo por una larga cadena de lagos debajo de la divisoria.

Eles percorreram em bom tempo uma longa cadeia de lagos abaixo da divisão.

Esos lagos llenaban los antiguos cráteres de volcanes extintos.

Esses lagos preenchiam as antigas crateras de vulcões extintos.

Tarde esa noche, llegaron a un gran campamento en el lago Bennett.

Mais tarde naquela noite, eles chegaram a um grande acampamento no Lago Bennett.

Miles de buscadores de oro estaban allí, construyendo barcos para la primavera.

Milhares de garimpeiros estavam lá, construindo barcos para a primavera.

El hielo se rompería pronto y tenían que estar preparados.

O gelo iria quebrar em breve e eles tinham que estar preparados.

Buck cavó su hoyo en la nieve y cayó en un sueño profundo.

Buck cavou seu buraco na neve e caiu em um sono profundo.

Durmió como un trabajador, exhausto por la dura jornada de trabajo.

Ele dormia como um trabalhador, exausto do duro dia de trabalho.

Pero demasiado pronto, en la oscuridad, fue sacado del sueño.

Mas muito cedo na escuridão, ele foi arrancado do sono.

Fue enganchado nuevamente con sus compañeros y sujeto al trineo.

Ele foi atrelado novamente aos seus companheiros e preso ao trenó.

Aquel día hicieron cuarenta millas, porque la nieve estaba muy pisoteada.

Naquele dia eles percorreram sessenta quilômetros, pois a neve estava bem batida.

Al día siguiente, y durante muchos días más, la nieve estaba blanda.

No dia seguinte, e por muitos dias depois, a neve estava macia.

Tuvieron que hacer el camino ellos mismos, trabajando más duro y moviéndose más lento.

Eles tiveram que abrir o caminho sozinhos, trabalhando mais e indo mais devagar.

Por lo general, Perrault caminaba delante del equipo con raquetas de nieve palmeadas.

Normalmente, Perrault caminhava à frente da equipe com raquetes de neve com membranas.

Sus pasos compactaron la nieve, facilitando el movimiento del trineo.

Seus passos compactavam a neve, facilitando a movimentação do trenó.

François, que dirigía el barco desde la dirección, a veces tomaba el relevo.

François, que comandava do outro lado do campo, às vezes assumia o comando.

Pero era raro que François tomara la iniciativa.

Mas era raro que François assumisse a liderança

porque Perrault tenía prisa por entregar las cartas y los paquetes.

porque Perrault estava com pressa para entregar as cartas e encomendas.

Perrault estaba orgulloso de su conocimiento de la nieve, y especialmente del hielo.

Perrault tinha orgulho de seu conhecimento sobre neve, especialmente gelo.

Ese conocimiento era esencial porque el hielo en otoño era peligrosamente delgado.

Esse conhecimento era essencial, porque o gelo do outono era perigosamente fino.

Allí donde el agua fluía rápidamente bajo la superficie, no había hielo en absoluto.

Onde a água fluía rapidamente abaixo da superfície, não havia gelo algum.

Día tras día, la misma rutina se repetía sin fin.

Dia após dia, a mesma rotina se repetia sem fim.

Buck trabajó incansablemente en las riendas desde el amanecer hasta la noche.

Buck trabalhou incansavelmente nas rédeas, do amanhecer até a noite.

Abandonaron el campamento en la oscuridad, mucho antes de que saliera el sol.

Eles deixaram o acampamento no escuro, muito antes do sol nascer.

Cuando amaneció, ya habían recorrido muchos kilómetros.

Quando o dia amanheceu, muitos quilômetros já haviam sido percorridos.

Acamparon después del anochecer, comieron pescado y excavaron en la nieve.

Eles montaram acampamento depois de escurecer, comendo peixe e cavando na neve.

Buck siempre tenía hambre y nunca estaba realmente satisfecho con su ración.

Buck estava sempre com fome e nunca ficava realmente satisfeito com sua ração.

Recibía una libra y media de salmón seco cada día.

Ele recebia meio quilo de salmão seco por dia.

Pero la comida parecía desaparecer dentro de él, dejando atrás el hambre.

Mas a comida parecia desaparecer dentro dele, deixando a fome para trás.

Sufría constantes dolores de hambre y soñaba con más comida.

Ele sofria constantes pontadas de fome e sonhava com mais comida.

Los otros perros sólo ganaron una libra, pero se mantuvieron fuertes.

Os outros cães ganharam apenas meio quilo, mas permaneceram fortes

Eran más pequeños y habían nacido en la vida del norte.

Eles eram menores e tinham nascido na vida do norte.

Perdió rápidamente la meticulosidad que había caracterizado su antigua vida.

Ele rapidamente perdeu a meticulosidade que marcava sua antiga vida.

Había sido un comensal delicado, pero ahora eso ya no era posible.

Ele era um comilão delicado, mas agora isso não era mais possível.

Sus compañeros terminaron primero y le robaron su ración sobrante.

Seus companheiros terminaram primeiro e roubaram sua ração inacabada.

Una vez que empezaron, no había forma de defender su comida de ellos.

Depois que eles começaram, não havia mais como defender sua comida deles.

Mientras él luchaba contra dos o tres perros, los otros le robaron el resto.

Enquanto ele lutava contra dois ou três cães, os outros roubaram o resto.

Para solucionar esto, comenzó a comer tan rápido como los demás.

Para consertar isso, ele começou a comer tão rápido quanto os outros comiam.

El hambre lo empujó tan fuerte que incluso tomó comida que no era suya.

A fome o pressionava tanto que ele chegou a aceitar comida que não era sua.

Observó a los demás y aprendió rápidamente de sus acciones.

Ele observou os outros e aprendeu rapidamente com suas ações.

Vio a Pike, un perro nuevo, robarle una rebanada de tocino a Perrault.

Ele viu Pike, um cachorro novo, roubar uma fatia de bacon de Perrault.

Pike había esperado hasta que Perrault se dio la espalda para robarle el tocino.

Pike esperou até que Perrault virasse as costas para roubar o bacon.

Al día siguiente, Buck copió a Pike y robó todo el trozo.

No dia seguinte, Buck copiou Pike e roubou o pedaço inteiro.

Se produjo un gran alboroto, pero no se sospechó de Buck.

Seguiu-se um grande alvoroço, mas Buck não foi suspeito.

Dub, un perro torpe que siempre era atrapado, fue castigado.

Dub, um cão desajeitado que sempre era pego, foi punido.

Ese primer robo marcó a Buck como un perro apto para sobrevivir en el Norte.

Aquele primeiro roubo marcou Buck como um cão apto a sobreviver no Norte.

Demostró que podía adaptarse a nuevas condiciones y aprender rápidamente.

Ele mostrou que conseguia se adaptar a novas condições e aprender rapidamente.

Sin esa adaptabilidad, habría muerto rápida y gravemente.

Sem essa adaptabilidade, ele teria morrido rápida e gravemente.

También marcó el colapso de su naturaleza moral y de sus valores pasados.

Também marcou o colapso de sua natureza moral e valores passados.

En el Sur, había vivido bajo la ley del amor y la bondad.

Em Southland, ele viveu sob a lei do amor e da bondade.

Allí tenía sentido respetar la propiedad y los sentimientos de los otros perros.

Ali fazia sentido respeitar a propriedade e os sentimentos dos outros cães.

Pero en el Norte se aplicaba la ley del garrote y la ley del colmillo.

Mas a Terra do Norte seguiu a lei do porrete e a lei das presas.

Quienquiera que respetara los viejos valores aquí sería un tonto y fracasaría.

Quem respeitasse os valores antigos aqui seria tolo e fracassaria.

Buck no razonó todo esto en su mente.

Buck não pensou em tudo isso.

Estaba en forma y se adaptó sin necesidad de pensar.

Ele estava em forma e, por isso, se adaptou sem precisar pensar.

Durante toda su vida, nunca había huido de una pelea.

Durante toda a sua vida, ele nunca fugiu de uma briga.

Pero el garrote de madera del hombre del suéter rojo cambió esa regla.

Mas o porrete de madeira do homem do suéter vermelho mudou essa regra.

Ahora seguía un código más profundo y antiguo escrito en su ser.

Agora ele seguia um código mais antigo e profundo escrito em seu ser.

No robó por placer sino por el dolor del hambre.

Ele não roubava por prazer, mas pela dor da fome.

Él nunca robaba abiertamente, sino que hurtaba con astucia y cuidado.

Ele nunca roubou abertamente, mas roubou com astúcia e cuidado.

Actuó por respeto al garrote de madera y por miedo al colmillo.

Ele agiu por respeito ao porrete de madeira e medo da presa.

En resumen, hizo lo que era más fácil y seguro que no hacerlo.

Resumindo, ele fez o que era mais fácil e seguro do que não fazer.

Su desarrollo —o quizás su regreso a los viejos instintos— fue rápido.

Seu desenvolvimento — ou talvez seu retorno aos velhos instintos — foi rápido.

Sus músculos se endurecieron hasta sentirse tan fuertes como el hierro.

Seus músculos endureceram até parecerem fortes como ferro.

Ya no le importaba el dolor, a menos que fuera grave.

Ele não se importava mais com a dor, a menos que fosse séria.

Se volvió eficiente por dentro y por fuera, sin desperdiciar nada.

Ele se tornou eficiente por dentro e por fora, sem desperdiçar nada.

Podía comer cosas viles, podridas o difíciles de digerir.

Ele podia comer coisas horríveis, podres ou difíceis de digerir.

Todo lo que comía, su estómago aprovechaba hasta el último vestigio de valor.

Não importa o que ele comesse, seu estômago usava até a última gota de valor.

Su sangre transportaba los nutrientes a través de su poderoso cuerpo.

Seu sangue transportava os nutrientes por todo seu corpo poderoso.

Esto creó tejidos fuertes que le dieron una resistencia increíble.

Isso construiu tecidos fortes que lhe deram uma resistência incrível.

Su vista y su olfato se volvieron mucho más sensibles que antes.

Sua visão e olfato ficaram muito mais sensíveis do que antes.

Su audición se agudizó tanto que podía detectar sonidos débiles durante el sueño.

Sua audição ficou tão aguçada que ele conseguia detectar sons fracos durante o sono.

Sabía en sueños si los sonidos significaban seguridad o peligro.

Ele sabia em seus sonhos se os sons significavam segurança ou perigo.

Aprendió a morder el hielo entre los dedos de los pies con los dientes.

Ele aprendeu a morder o gelo entre os dedos dos pés com os dentes.

Si un charco de agua se congelaba, rompía el hielo con las piernas.

Se um poço de água congelasse, ele quebrava o gelo com as pernas.

Se encabritó y golpeó con fuerza el hielo con sus rígidas patas delanteras.

Ele se levantou e bateu com força no gelo com as patas dianteiras rígidas.

Su habilidad más sorprendente era predecir los cambios del viento durante la noche.

Sua habilidade mais impressionante era prever mudanças de vento durante a noite.

Incluso cuando el aire estaba quieto, elegía lugares protegidos del viento.

Mesmo quando o ar estava parado, ele escolhia lugares protegidos do vento.

Dondequiera que cavaba su nido, el viento del día siguiente lo pasaba de largo.

Onde quer que ele cavasse seu ninho, o vento do dia seguinte o ultrapassava.

Siempre acababa abrigado y protegido, a sotavento de la brisa.

Ele sempre acabava aconchegado e protegido, a sotavento da brisa.

Buck no sólo aprendió con la experiencia: sus instintos también regresaron.

Buck não só aprendeu com a experiência — seus instintos também retornaram.

Los hábitos de las generaciones domesticadas comenzaron a desaparecer.

Os hábitos das gerações domesticadas começaram a desaparecer.

De manera vaga, recordaba los tiempos antiguos de su raza.

De forma vaga, ele se lembrava dos tempos antigos de sua raça.

Recordó cuando los perros salvajes corrían en manadas por los bosques.

Ele se lembrou de quando os cães selvagens corriam em matilhas pelas florestas.

Habían perseguido y matado a su presa mientras la perseguían.

Eles perseguiram e mataram suas presas enquanto as perseguiam.

Para Buck fue fácil aprender a pelear con dientes y velocidad.

Foi fácil para Buck aprender a lutar com força e velocidade.

Utilizaba cortes, tajos y chasquidos rápidos igual que sus antepasados.

Ele usava cortes, golpes e estalos rápidos, assim como seus ancestrais.

Aquellos antepasados se agitaron dentro de él y despertaron su naturaleza salvaje.

Esses ancestrais se agitaram dentro dele e despertaram sua natureza selvagem.

Sus antiguas habilidades habían pasado a él a través de la línea de sangre.

Suas antigas habilidades foram passadas para ele através da linhagem.

Sus trucos ahora eran suyos, sin necesidad de práctica ni esfuerzo.

Os truques agora eram dele, sem necessidade de prática ou esforço.

En las noches frías y quietas, Buck levantaba la nariz y aullaba.

Nas noites calmas e frias, Buck levantava o nariz e uivava.

Aulló largo y profundamente, como lo hacían los lobos antaño.

Ele uivou longa e profundamente, como os lobos faziam há muito tempo.

A través de él, sus antepasados muertos apuntaron sus narices y aullaron.

Através dele, seus ancestrais mortos apontavam seus narizes e uivavam.

Aullaron a través de los siglos con su voz y su forma.

Eles uivaram através dos séculos em sua voz e forma.

Sus cadencias eran las de ellos, viejos gritos que hablaban de dolor y frío.

Suas cadências eram as deles, velhos gritos que falavam de tristeza e frio.

Cantaron sobre la oscuridad, el hambre y el significado del invierno.

Eles cantavam sobre escuridão, fome e o significado do inverno.

Buck demostró cómo la vida está determinada por fuerzas ajenas a uno mismo.

Buck provou como a vida é moldada por forças além de si mesmo,

La antigua canción se elevó a través de Buck y se apoderó de su alma.

a antiga canção surgiu através de Buck e tomou conta de sua alma.

Se encontró a sí mismo porque los hombres habían encontrado oro en el Norte.

Ele se encontrou porque os homens encontraram ouro no Norte.

Y se encontró porque Manuel, el ayudante del jardinero, necesitaba dinero.

E ele se viu porque Manuel, o ajudante do jardineiro, precisava de dinheiro.

La Bestia Primordial Dominante
A Besta Primordial Dominante

La bestia primordial dominante era tan fuerte como siempre en Buck.
A besta primordial dominante estava tão forte quanto sempre em Buck.
Pero la bestia primordial dominante yacía latente en él.
Mas a besta primordial dominante estava adormecida dentro dele.
La vida en el camino era dura, pero fortalecía a la bestia que Buck llevaba dentro.
A vida na trilha foi dura, mas fortaleceu o animal dentro de Buck.
En secreto, la bestia se hacía cada día más fuerte.
Secretamente, a fera ficava mais forte a cada dia.
Pero ese crecimiento interior permaneció oculto para el mundo exterior.
Mas esse crescimento interior permaneceu oculto para o mundo exterior.
Una fuerza primordial, tranquila y calmada se estaba construyendo dentro de Buck.
Uma força primordial silenciosa e calma estava se formando dentro de Buck.
Una nueva astucia le proporcionó a Buck equilibrio, calma, control y aplomo.
Uma nova astúcia deu a Buck equilíbrio, calma, controle e postura.
Buck se concentró mucho en adaptarse, sin sentirse nunca totalmente relajado.
Buck se concentrou muito em se adaptar, sem nunca se sentir totalmente relaxado.
Él evitaba los conflictos, nunca iniciaba peleas ni buscaba problemas.
Ele evitava conflitos, nunca iniciava brigas nem procurava problemas.

Una reflexión lenta y constante moldeó cada movimiento de Buck.

Uma reflexão lenta e constante moldava cada movimento de Buck.

Evitó las elecciones precipitadas y las decisiones repentinas e imprudentes.

Ele evitou escolhas precipitadas e decisões repentinas e imprudentes.

Aunque Buck odiaba profundamente a Spitz, no le mostró ninguna agresión.

Embora Buck odiasse Spitz profundamente, ele não demonstrou nenhuma agressividade.

Buck nunca provocó a Spitz y mantuvo sus acciones moderadas.

Buck nunca provocou Spitz e manteve suas ações contidas.

Spitz, por otro lado, percibió el creciente peligro en Buck.

Spitz, por outro lado, percebeu o perigo crescente em Buck.

Él veía a Buck como una amenaza y un serio desafío a su poder.

Ele via Buck como uma ameaça e um sério desafio ao seu poder.

Aprovechó cada oportunidad para gruñir y mostrar sus afilados dientes.

Ele aproveitou todas as oportunidades para rosnar e mostrar seus dentes afiados.

Estaba tratando de iniciar la pelea mortal que estaba por venir.

Ele estava tentando começar a luta mortal que estava por vir.

Al principio del viaje casi se desató una pelea entre ellos.

No início da viagem, quase houve uma briga entre eles.

Pero un accidente inesperado detuvo la pelea.

Mas um acidente inesperado impediu que a luta acontecesse.

Esa tarde acamparon en el gélido lago Le Barge.

Naquela noite, eles montaram acampamento no frio congelante Lago Le Barge.

La nieve caía con fuerza y el viento cortaba como un cuchillo.

A neve caía forte e o vento cortava como uma faca.

La noche había llegado demasiado rápido y la oscuridad los rodeaba.

A noite chegou rápido demais e a escuridão os cercava.

Difícilmente podrían haber elegido un peor lugar para descansar.

Eles dificilmente poderiam ter escolhido um lugar pior para descansar.

Los perros buscaban desesperadamente un lugar donde tumbarse.

Os cães procuravam desesperadamente um lugar para se deitar.

Detrás del pequeño grupo se alzaba una alta pared de roca.

Uma alta parede de pedra erguia-se abruptamente atrás do pequeno grupo.

La tienda de campaña había sido abandonada en Dyea para aligerar la carga.

A tenda foi deixada em Dyea para aliviar a carga.

No les quedó más remedio que hacer el fuego sobre el propio hielo.

Eles não tiveram escolha a não ser fazer o fogo no próprio gelo.

Extendieron sus batas para dormir directamente sobre el lago helado.

Eles estenderam seus robes de dormir diretamente sobre o lago congelado.

Unos cuantos palitos de madera flotante les dieron un poco de fuego.

Alguns pedaços de madeira flutuante lhes deram um pouco de fogo.

Pero el fuego se construyó sobre el hielo y se descongeló a través de él.

Mas o fogo foi construído no gelo e descongelado através dele.

Al final, estaban comiendo su cena en la oscuridad.

Por fim, eles estavam comendo o jantar no escuro.

Buck se acurrucó junto a la roca, protegido del viento frío.

Buck se aninhou ao lado da rocha, protegido do vento frio.

El lugar era tan cálido y seguro que Buck odiaba mudarse.
O lugar era tão quente e seguro que Buck odiava ter que se mudar.
Pero François había calentado el pescado y estaba repartiendo raciones.
Mas François havia aquecido o peixe e estava distribuindo rações.
Buck terminó de comer rápidamente y regresó a su cama.
Buck terminou de comer rapidamente e voltou para sua cama.
Pero Spitz ahora estaba acostado donde Buck había hecho su cama.
Mas Spitz agora estava deitado onde Buck havia feito sua cama.
Un gruñido bajo advirtió a Buck que Spitz se negaba a moverse.
Um rosnado baixo avisou Buck que Spitz se recusava a se mover.
Hasta ahora, Buck había evitado esta pelea con Spitz.
Até agora, Buck havia evitado essa luta com Spitz.
Pero en lo más profundo de Buck la bestia finalmente se liberó.
Mas bem no fundo, Buck, a fera finalmente se libertou.
El robo de su lugar para dormir era algo demasiado difícil de tolerar.
O roubo do seu lugar de dormir era demais para tolerar.
Buck se lanzó hacia Spitz, lleno de ira y rabia.
Buck se lançou contra Spitz, cheio de raiva e fúria.
Hasta ahora Spitz había pensado que Buck era sólo un perro grande.
Até então Spitz pensava que Buck era apenas um cachorro grande.
No creía que Buck hubiera sobrevivido a través de su espíritu.
Ele não achava que Buck tivesse sobrevivido por meio de seu espírito.
Esperaba miedo y cobardía, no furia y venganza.
Ele esperava medo e covardia, não fúria e vingança.

François se quedó mirando mientras los dos perros salían del nido en ruinas.

François ficou olhando enquanto os dois cães saíam do ninho destruído.

Comprendió de inmediato lo que había iniciado la salvaje lucha.

Ele entendeu imediatamente o que havia iniciado aquela luta selvagem.

—¡Ah! —gritó François en apoyo del perro marrón.

"Aa-ah!" François gritou em apoio ao cão marrom.

¡Dale una paliza! ¡Por Dios, castiga a ese ladrón astuto!

"Dê uma surra nele! Por Deus, castigue esse ladrãozinho!"

Spitz mostró la misma disposición y un entusiasmo salvaje por luchar.

Spitz demonstrou igual prontidão e grande entusiasmo para lutar.

Gritó de rabia mientras giraba rápidamente en busca de una abertura.

Ele gritou de raiva enquanto circulava rapidamente, procurando uma abertura.

Buck mostró el mismo hambre de luchar y la misma cautela.

Buck demonstrou a mesma fome de luta e a mesma cautela.

También rodeó a su oponente, intentando obtener la ventaja en la batalla.

Ele também circulou seu oponente, tentando ganhar vantagem na batalha.

Entonces sucedió algo inesperado y lo cambió todo.

Então algo inesperado aconteceu e mudou tudo.

Ese momento retrasó la eventual lucha por el liderazgo.

Aquele momento atrasou a eventual luta pela liderança.

Muchos kilómetros de camino y lucha aún nos esperaban antes del final.

Ainda havia muitos quilômetros de trilha e luta pela frente antes do fim.

Perrault gritó un juramento cuando un garrote impactó contra el hueso.

Perrault gritou um palavrão quando um porrete bateu contra o osso.

Se escuchó un agudo grito de dolor y luego el caos explotó por todas partes.

Seguiu-se um grito agudo de dor, e então o caos explodiu por todo lado.

En el campamento se movían figuras oscuras: perros esquimales salvajes, hambrientos y feroces.

Formas escuras se moviam no acampamento; huskies selvagens, famintos e ferozes.

Cuatro o cinco docenas de perros esquimales habían olfateado el campamento desde lejos.

Quatro ou cinco dúzias de huskies farejaram o acampamento de longe.

Se habían colado sigilosamente mientras los dos perros peleaban cerca.

Eles entraram silenciosamente enquanto os dois cães brigavam nas proximidades.

François y Perrault atacaron con garrotes a los invasores.

François e Perrault atacaram, brandindo cassetetes contra os invasores.

Los perros esquimales hambrientos mostraron los dientes y contraatacaron frenéticamente.

Os huskies famintos mostraram os dentes e lutaram freneticamente.

El olor a carne y a pan les había hecho perder todo miedo.

O cheiro de carne e pão os fez superar todo o medo.

Perrault golpeó a un perro que había enterrado su cabeza en el cajón de comida.

Perrault espancou um cachorro que havia enterrado a cabeça na caixa de larvas.

El golpe fue muy fuerte y la caja se volcó, derramándose comida.

O golpe foi forte, e a caixa virou, espalhando comida para fora.

En cuestión de segundos, una veintena de bestias salvajes destrozaron el pan y la carne.

Em segundos, vinte animais selvagens devoraram o pão e a carne.

Los garrotes de los hombres asestaron golpe tras golpe, pero ningún perro se apartó.

Os porretes dos homens desferiram golpe após golpe, mas nenhum cão se esquivou.

Aullaron de dolor, pero lucharon hasta que no quedó comida.

Eles uivaram de dor, mas lutaram até não restar mais comida.

Mientras tanto, los perros de trineo habían saltado de sus camas nevadas.

Enquanto isso, os cães de trenó saltaram de suas camas cobertas de neve.

Fueron atacados instantáneamente por los feroces y hambrientos huskies.

Eles foram imediatamente atacados pelos ferozes huskies famintos.

Buck nunca había visto criaturas tan salvajes y hambrientas antes.

Buck nunca tinha visto criaturas tão selvagens e famintas antes.

Su piel colgaba suelta, ocultando apenas sus esqueletos.

A pele deles estava solta, mal escondendo seus esqueletos.

Había un fuego en sus ojos, de hambre y locura.

Havia um fogo em seus olhos, de fome e loucura

No había manera de detenerlos, de resistirse a su ataque salvaje.

Não havia como detê-los; não havia como resistir ao seu avanço selvagem.

Los perros de trineo fueron empujados hacia atrás y presionados contra la pared del acantilado.

Os cães de trenó foram empurrados para trás, pressionados contra a parede do penhasco.

Tres perros esquimales atacaron a Buck a la vez, desgarrando su carne.

Três huskies atacaram Buck ao mesmo tempo, rasgando sua carne.

La sangre le brotaba de la cabeza y de los hombros, donde había recibido el corte.
Sangue escorria de sua cabeça e ombros, onde ele havia sido cortado.
El ruido llenó el campamento: gruñidos, aullidos y gritos de dolor.
O barulho encheu o acampamento; rosnados, gritos e berros de dor.
Billee gritó fuerte, como siempre, atrapada en la pelea y el pánico.
Billee chorou alto, como sempre, presa na confusão e no pânico.
Dave y Solleks estaban uno al lado del otro, sangrando pero desafiantes.
Dave e Solleks ficaram lado a lado, sangrando, mas desafiadores.
Joe peleó como un demonio, mordiendo todo lo que se acercaba.
Joe lutava como um demônio, mordendo tudo que chegava perto.
Aplastó la pata de un husky con un brutal chasquido de sus mandíbulas.
Ele esmagou a perna de um husky com um estalo brutal de suas mandíbulas.
Pike saltó sobre el husky herido y le rompió el cuello instantáneamente.
Pike pulou no husky ferido e quebrou seu pescoço instantaneamente.
Buck agarró a un husky por el cuello y le arrancó la vena.
Buck agarrou um husky pelo pescoço e rasgou a veia.
La sangre salpicó y el sabor cálido llevó a Buck al frenesí.
O sangue jorrou, e o gosto quente deixou Buck frenético.
Se abalanzó sobre otro atacante sin dudarlo.
Ele se lançou contra outro agressor sem hesitar.
En ese mismo momento, unos dientes afilados se clavaron en la garganta de Buck.

No mesmo momento, dentes afiados cravaram-se na garganta de Buck.

Spitz había atacado desde un costado, sin previo aviso.
Spitz atacou de lado, sem aviso.

Perrault y François habían derrotado a los perros robando la comida.
Perrault e François derrotaram os cães que roubavam a comida.

Ahora se apresuraron a ayudar a sus perros a luchar contra los atacantes.
Agora eles correram para ajudar seus cães a lutar contra os agressores.

Los perros hambrientos se retiraron mientras los hombres blandían sus garrotes.
Os cães famintos recuaram enquanto os homens brandiam seus porretes.

Buck se liberó del ataque, pero el escape fue breve.
Buck se libertou do ataque, mas a fuga foi breve.

Los hombres corrieron a salvar a sus perros, y los huskies volvieron a atacarlos.
Os homens correram para salvar seus cães, e os huskies atacaram novamente.

Billee, aterrorizado y valiente, saltó hacia la jauría de perros.
Billee, assustado e corajoso, saltou para dentro da matilha de cães.

Pero luego huyó a través del hielo, presa del terror y el pánico.
Mas então ele fugiu pelo gelo, tomado pelo terror e pelo pânico.

Pike y Dub los siguieron de cerca, corriendo para salvar sus vidas.
Pike e Dub seguiram logo atrás, correndo para salvar suas vidas.

El resto del equipo se separó y se dispersó, siguiéndolos.
O resto da equipe se dispersou e seguiu atrás deles.

Buck reunió sus fuerzas para correr, pero entonces vio un destello.

Buck reuniu forças para correr, mas então viu um clarão.

Spitz se abalanzó sobre el costado de Buck, intentando derribarlo al suelo.

Spitz investiu contra Buck, tentando derrubá-lo no chão.

Bajo esa turba de perros esquimales, Buck no habría tenido escapatoria.

Sob aquela multidão de huskies, Buck não teria escapatória.

Pero Buck se mantuvo firme y se preparó para el golpe de Spitz.

Mas Buck permaneceu firme e se preparou para o golpe de Spitz.

Luego se dio la vuelta y salió corriendo al hielo con el equipo que huía.

Então ele se virou e correu para o gelo com o time em fuga.

Más tarde, los nueve perros de trineo se reunieron al abrigo del bosque.

Mais tarde, os nove cães de trenó se reuniram no abrigo da floresta.

Ya nadie los perseguía, pero estaban maltratados y heridos.

Ninguém mais os perseguia, mas eles estavam machucados e feridos.

Cada perro tenía heridas: cuatro o cinco cortes profundos en cada cuerpo.

Cada cão tinha feridas; quatro ou cinco cortes profundos em cada corpo.

Dub tenía una pata trasera herida y ahora le costaba caminar.

Dub machucou uma pata traseira e agora tem dificuldade para andar.

Dolly, la perrita más nueva de Dyea, tenía la garganta cortada.

Dolly, a cadela mais nova de Dyea, tinha a garganta cortada.

Joe había perdido un ojo y la oreja de Billee estaba cortada en pedazos.

Joe perdeu um olho e a orelha de Billee foi cortada em pedaços

Todos los perros lloraron de dolor y derrota durante toda la noche.

Todos os cães choraram de dor e derrota durante a noite.

Al amanecer regresaron al campamento doloridos y destrozados.

Ao amanhecer, eles retornaram ao acampamento, doloridos e machucados.

Los perros esquimales habían desaparecido, pero el daño ya estaba hecho.

Os huskies tinham desaparecido, mas o estrago já estava feito.

Perrault y François estaban de mal humor ante las ruinas.

Perrault e François ficaram de mau humor diante das ruínas.

La mitad de la comida había desaparecido, robada por los ladrones hambrientos.

Metade da comida havia sumido, roubada pelos ladrões famintos.

Los perros esquimales habían destrozado las ataduras y la lona del trineo.

Os huskies rasgaram as amarrações do trenó e a lona.

Todo lo que tenía olor a comida había sido devorado por completo.

Qualquer coisa com cheiro de comida foi devorada completamente.

Se comieron un par de botas de viaje de piel de alce de Perrault.

Eles comeram um par de botas de viagem de couro de alce de Perrault.

Masticaban correas de cuero y arruinaban las correas hasta dejarlas inservibles.

Eles mastigavam correias de couro e estragavam tiras, deixando-as inutilizáveis.

François dejó de mirar el látigo roto para revisar a los perros.

François parou de olhar para o chicote rasgado para verificar os cães.

—Ah, amigos míos —dijo en voz baja y llena de preocupación.

"Ah, meus amigos", disse ele, com a voz baixa e cheia de preocupação.

"Tal vez todas estas mordeduras os conviertan en bestias locas."

"Talvez todas essas mordidas transformem vocês em feras furiosas."

—¡Quizás todos sean perros rabiosos, sacredam! ¿Qué opinas, Perrault?

"Talvez todos os cães loucos, sacana! O que você acha, Perrault?"

Perrault meneó la cabeza; sus ojos estaban oscuros por la preocupación y el miedo.

Perrault balançou a cabeça, com os olhos escuros de preocupação e medo.

Todavía había cuatrocientas millas entre ellos y Dawson.

Ainda havia seiscentos quilômetros entre eles e Dawson.

La locura canina ahora podría destruir cualquier posibilidad de supervivencia.

A loucura canina agora pode destruir qualquer chance de sobrevivência.

Pasaron dos horas maldiciendo y tratando de arreglar el engranaje.

Eles passaram duas horas xingando e tentando consertar o equipamento.

El equipo herido finalmente abandonó el campamento, destrozado y derrotado.

A equipe ferida finalmente deixou o acampamento, destruída e derrotada.

Éste fue el camino más difícil hasta ahora y cada paso era doloroso.

Essa foi a trilha mais difícil até agora, e cada passo foi doloroso.

El río Treinta Millas no se había congelado y su caudal corría con fuerza.

O Rio Thirty Mile não havia congelado e estava correndo descontroladamente.

Sólo en los lugares tranquilos y en los remolinos el hielo logró retenerse.

Somente em locais calmos e redemoinhos o gelo conseguiu se manter.

Pasaron seis días de duro trabajo hasta recorrer las treinta millas.

Seis dias de trabalho duro se passaram até que os 48 quilômetros fossem percorridos.

Cada kilómetro del camino traía consigo peligro y amenaza de muerte.

Cada quilômetro da trilha trazia perigo e ameaça de morte.

Los hombres y los perros arriesgaban sus vidas con cada doloroso paso.

Os homens e os cães arriscavam suas vidas a cada passo doloroso.

Perrault rompió delgados puentes de hielo una docena de veces diferentes.

Perrault rompeu finas pontes de gelo uma dúzia de vezes diferentes.

Llevó un palo y lo dejó caer sobre el agujero que había hecho su cuerpo.

Ele carregou uma vara e a deixou cair sobre o buraco que seu corpo fez.

Más de una vez ese palo salvó a Perrault de ahogarse.

Mais de uma vez aquele poste salvou Perrault de se afogar.

La ola de frío se mantuvo firme y el aire estaba a cincuenta grados bajo cero.

A onda de frio se manteve firme, o ar estava cinquenta graus abaixo de zero.

Cada vez que se caía, Perrault tenía que encender un fuego para sobrevivir.

Toda vez que caía, Perrault tinha que acender uma fogueira para sobreviver.

La ropa mojada se congelaba rápidamente, por lo que la secaba cerca del calor abrasador.

Roupas molhadas congelavam rápido, então ele as secava perto do calor escaldante.

Ningún miedo afectó jamás a Perrault, y eso lo convirtió en mensajero.

Nenhum medo jamais tocou Perrault, e isso fez dele um mensageiro.

Fue elegido para el peligro y lo afrontó con tranquila resolución.

Ele foi escolhido para o perigo e o enfrentou com uma resolução silenciosa.

Avanzó contra el viento, con el rostro arrugado y congelado.

Ele seguiu em frente em direção ao vento, com o rosto enrugado e congelado.

Desde el amanecer hasta el anochecer, Perrault los condujo hacia adelante.

Do amanhecer ao anoitecer, Perrault os guiou adiante.

Caminó sobre un estrecho borde de hielo que se agrietaba con cada paso.

Ele andou sobre uma estreita camada de gelo que rachava a cada passo.

No se atrevieron a detenerse: cada pausa suponía el riesgo de un colapso mortal.

Eles não ousaram parar — cada pausa representava o risco de um colapso mortal.

Una vez, el trineo se abrió paso y arrastró a Dave y Buck.

Uma vez o trenó atravessou, puxando Dave e Buck para dentro.

Cuando los liberaron, ambos estaban casi congelados.

Quando foram libertados, ambos estavam quase congelados.

Los hombres hicieron un fuego rápidamente para mantener con vida a Buck y Dave.

Os homens fizeram uma fogueira rapidamente para manter Buck e Dave vivos.

Los perros estaban cubiertos de hielo desde la nariz hasta la cola, rígidos como madera tallada.

Os cães estavam cobertos de gelo do focinho ao rabo, rígidos como madeira entalhada.

Los hombres los hicieron correr en círculos cerca del fuego para descongelar sus cuerpos.

Os homens os faziam correr em círculos perto do fogo para descongelar seus corpos.

Se acercaron tanto a las llamas que su pelaje se quemó.

Eles chegaram tão perto das chamas que seus pelos ficaram chamuscados.

Luego Spitz rompió el hielo y arrastró al equipo detrás de él.

Spitz foi o próximo a romper o gelo, arrastando a equipe atrás dele.

La ruptura llegó hasta donde Buck estaba tirando.

A ruptura chegou até onde Buck estava puxando.

Buck se reclinó con fuerza hacia atrás, sus patas resbalaron y temblaron en el borde.

Buck se inclinou para trás com força, as patas escorregando e tremendo na borda.

Dave también se esforzó hacia atrás, justo detrás de Buck en la línea.

Dave também se esticou para trás, logo atrás de Buck na linha.

François tiró del trineo; sus músculos crujían por el esfuerzo.

François puxou o trenó, seus músculos estalando com o esforço.

En otra ocasión, el borde del hielo se agrietó delante y detrás del trineo.

Em outra ocasião, o gelo da borda rachou antes e atrás do trenó.

No tenían otra salida que escalar una pared del acantilado congelado.

Eles não tinham outra saída a não ser escalar uma parede congelada do penhasco.

De alguna manera Perrault logró escalar el muro; un milagro lo mantuvo con vida.

De alguma forma, Perrault escalou o muro; um milagre o manteve vivo.

François se quedó abajo, rezando por tener la misma suerte.

François ficou lá embaixo, rezando pelo mesmo tipo de sorte.

Ataron todas las correas, amarres y tirantes hasta formar una cuerda larga.

Eles amarraram cada tira, amarração e traço em uma corda longa.

Los hombres subieron cada perro, uno a uno, hasta la cima.

Os homens puxaram cada cachorro, um de cada vez, até o topo.

François subió el último, después del trineo y toda la carga.

François subiu por último, depois do trenó e de toda a carga.

Entonces comenzó una larga búsqueda de un camino para bajar de los acantilados.

Então começou uma longa busca por um caminho descendo dos penhascos.

Finalmente descendieron usando la misma cuerda que habían hecho.

Eles finalmente desceram usando a mesma corda que tinham feito.

La noche cayó cuando regresaron al lecho del río, exhaustos y doloridos.

A noite caiu quando eles retornaram ao leito do rio, exaustos e doloridos.

El día completo les había proporcionado sólo un cuarto de milla de ganancia.

O dia inteiro lhes rendeu apenas um quarto de milha de ganho.

Cuando llegaron a Hootalinqua, Buck estaba agotado.

Quando chegaram ao Hootalinqua, Buck estava exausto.

Los demás perros sufrieron igual de mal las condiciones del sendero.

Os outros cães também sofreram muito com as condições da trilha.

Pero Perrault necesitaba recuperar tiempo y los presionaba cada día.

Mas Perrault precisava recuperar tempo e os pressionava a cada dia.

El primer día viajaron treinta millas hasta Big Salmon.

No primeiro dia, eles viajaram 48 quilômetros até Big Salmon.

Al día siguiente viajaron treinta y cinco millas hasta Little Salmon.

No dia seguinte, eles viajaram 56 quilômetros até Little Salmon.

Al tercer día avanzaron a través de cuarenta largas y heladas millas.

No terceiro dia, eles avançaram por 64 quilômetros congelados.

Para entonces, se estaban acercando al asentamiento de Five Fingers.

Naquela altura, eles estavam se aproximando do assentamento de Five Fingers.

Los pies de Buck eran más suaves que los duros pies de los huskies nativos.

Os pés de Buck eram mais macios que os pés duros dos huskies nativos.

Sus patas se habían vuelto tiernas a lo largo de muchas generaciones civilizadas.

Suas patas ficaram macias ao longo de muitas gerações civilizadas.

Hace mucho tiempo, sus antepasados habían sido domesticados por hombres del río o cazadores.

Há muito tempo, seus ancestrais foram domesticados por homens do rio ou caçadores.

Todos los días Buck cojeaba de dolor, caminando sobre sus patas doloridas y en carne viva.

Todos os dias Buck mancava de dor, caminhando com as patas doloridas e em carne viva.

En el campamento, Buck cayó como un cuerpo sin vida sobre la nieve.

No acampamento, Buck caiu como uma forma sem vida na neve.

Aunque estaba hambriento, Buck no se levantó a comer su cena.

Embora faminto, Buck não se levantou para jantar.

François le trajo a Buck su ración, poniendo pescado junto a su hocico.

François levou a ração para Buck, colocando peixes perto do seu focinho.

Cada noche, el conductor frotaba los pies de Buck durante media hora.

Todas as noites o motorista massageava os pés de Buck por meia hora.

François incluso cortó sus propios mocasines para hacer calzado para perros.

François até cortou seus próprios mocassins para fazer calçados para cães.

Cuatro zapatos cálidos le dieron a Buck un gran y bienvenido alivio.

Quatro sapatos quentes deram a Buck um grande e bem-vindo alívio.

Una mañana, François olvidó los zapatos y Buck se negó a levantarse.

Certa manhã, François esqueceu os sapatos, e Buck se recusou a se levantar.

Buck yacía de espaldas, con los pies en el aire, agitándolos lastimeramente.

Buck estava deitado de costas, com os pés no ar, balançando-os lamentavelmente.

Incluso Perrault sonrió al ver la dramática súplica de Buck.

Até Perrault sorriu ao ver o apelo dramático de Buck.

Pronto los pies de Buck se endurecieron y los zapatos pudieron desecharse.

Logo os pés de Buck ficaram duros e os sapatos puderam ser descartados.

En Pelly, durante el periodo de uso del arnés, Dolly emitió un aullido terrible.

Em Pelly, na hora de usar os arreios, Dolly soltou um uivo terrível.

El grito fue largo y lleno de locura, sacudiendo a todos los perros.

O grito era longo e cheio de loucura, fazendo todos os cães tremerem.

Cada perro se erizaba de miedo sin saber el motivo.

Cada cão se arrepiou de medo sem saber o motivo.

Dolly se volvió loca y se arrojó directamente hacia Buck.

Dolly enlouqueceu e se jogou direto em Buck.

Buck nunca había visto la locura, pero el horror llenó su corazón.

Buck nunca tinha visto loucura, mas o horror enchia seu coração.

Sin pensarlo, se dio la vuelta y huyó presa del pánico absoluto.

Sem pensar, ele se virou e fugiu em pânico absoluto.

Dolly lo persiguió con los ojos desorbitados y la saliva saliendo de sus mandíbulas.

Dolly o perseguiu, com os olhos arregalados e a saliva voando de sua mandíbula.

Ella se mantuvo justo detrás de Buck, sin ganar terreno ni quedarse atrás.

Ela continuou logo atrás de Buck, sem nunca ganhar terreno e sem nunca recuar.

Buck corrió a través del bosque, bajó por la isla y cruzó el hielo irregular.

Buck correu pela floresta, pela ilha, atravessando gelo irregular.

Cruzó hacia una isla, luego hacia otra, dando la vuelta nuevamente hasta el río.

Ele cruzou até uma ilha, depois outra, e voltou para o rio.

Aún así Dolly lo persiguió, con su gruñido detrás de cada paso.

Dolly ainda o perseguia, rosnando logo atrás a cada passo.

Buck podía oír su respiración y su rabia, aunque no se atrevía a mirar atrás.

Buck podia ouvir sua respiração e raiva, embora não ousasse olhar para trás.

François gritó desde lejos y Buck se giró hacia la voz.

François gritou de longe, e Buck se virou na direção da voz.

Todavía jadeando en busca de aire, Buck pasó corriendo, poniendo toda su esperanza en François.

Ainda ofegante, Buck passou correndo, depositando toda a esperança em François.

El conductor del perro levantó un hacha y esperó mientras Buck pasaba volando.

O condutor do cão ergueu um machado e esperou enquanto Buck passava voando.

El hacha cayó rápidamente y golpeó la cabeza de Dolly con una fuerza mortal.

O machado desceu rapidamente e atingiu a cabeça de Dolly com força mortal.

Buck se desplomó cerca del trineo, jadeando e incapaz de moverse.

Buck caiu perto do trenó, ofegante e incapaz de se mover.

Ese momento le dio a Spitz la oportunidad de golpear a un enemigo exhausto.

Aquele momento deu a Spitz a chance de atacar um inimigo exausto.

Mordió a Buck dos veces, desgarrando la carne hasta el hueso blanco.

Ele mordeu Buck duas vezes, rasgando a carne até o osso branco.

El látigo de François hizo chasquear el látigo y golpeó a Spitz con toda su fuerza y furia.

O chicote de François estalou, atingindo Spitz com força total e furiosa.

Buck observó con alegría cómo Spitz recibía la paliza más dura que había recibido hasta entonces.

Buck observou com alegria Spitz receber sua surra mais dura até então.

"Es un demonio ese Spitz", murmuró Perrault para sí mismo.

"Aquele Spitz é um demônio", murmurou Perrault sombriamente para si mesmo.

"Algún día, ese maldito perro matará a Buck, lo juro".

"Em breve, aquele cão amaldiçoado matará Buck, eu juro."

—Ese Buck tiene dos demonios dentro —respondió François asintiendo.

"Aquele Buck tem dois demônios dentro dele", respondeu François com um aceno de cabeça.

"Cuando veo a Buck, sé que algo feroz le aguarda dentro".

"Quando observo Buck, sei que algo feroz o aguarda."

"Un día se pondrá furioso y destrozará a Spitz".

"Um dia, ele ficará furioso e destruirá o Spitz."

"Masticará a ese perro y lo escupirá en la nieve congelada".

"Ele vai mastigar aquele cachorro e cuspi-lo na neve congelada."

"Estoy seguro de que lo sé en lo más profundo de mi ser".

"Com certeza, eu sei disso no fundo da minha alma."

A partir de ese momento los dos perros quedaron en guerra.

Daquele momento em diante, os dois cães estavam em guerra.

Spitz lideró al equipo y mantuvo el poder, pero Buck lo desafió.

Spitz liderou a equipe e deteve o poder, mas Buck desafiou isso.

Spitz vio su rango amenazado por este extraño extraño de Southland.

Spitz viu sua posição ameaçada por esse estranho estranho de Southland.

Buck no se parecía a ningún otro perro sureño que Spitz hubiera conocido antes.

Buck era diferente de qualquer cão sulista que Spitz já tivesse conhecido.

La mayoría de ellos fracasaron: eran demasiado débiles para sobrevivir al frío y al hambre.

A maioria deles falhou — estavam fracos demais para sobreviver ao frio e à fome.

Murieron rápidamente bajo el trabajo, las heladas y el lento ardor del hambre.

Eles morreram rapidamente devido ao trabalho, à geada e à lenta queima da fome.

Buck se destacó: cada día más fuerte, más inteligente y más salvaje.

Buck se destacou — a cada dia mais forte, mais inteligente e mais selvagem.

Prosperó a pesar de las dificultades y creció hasta alcanzar el nivel de los perros esquimales del norte.

Ele prosperou nas dificuldades e cresceu para se igualar aos huskies do norte.

Buck tenía fuerza, habilidad salvaje y un instinto paciente y mortal.

Buck tinha força, habilidade selvagem e um instinto paciente e mortal.

El hombre con el garrote había golpeado la temeridad de Buck.

O homem com o porrete havia espancado Buck até que ele perdesse a precipitação.

La furia ciega desapareció y fue reemplazada por una astucia silenciosa y control.

A fúria cega desapareceu, substituída por astúcia silenciosa e controle.

Esperó, tranquilo y primario, observando el momento adecuado.

Ele esperou, calmo e primitivo, observando o momento certo.

Su lucha por el mando se hizo inevitable y clara.

A luta pelo comando tornou-se inevitável e clara.

Buck deseaba el liderazgo porque su espíritu lo exigía.

Buck desejava liderança porque seu espírito exigia isso.

Lo impulsaba el extraño orgullo nacido del camino y del arnés.

Ele era movido pelo estranho orgulho nascido da caça e dos arreios.

Ese orgullo hizo que los perros tiraran hasta caer sobre la nieve.

Esse orgulho fez os cães puxarem até desabarem na neve.

El orgullo los llevó a dar toda la fuerza que tenían.

O orgulho os levou a dar toda a força que tinham.

El orgullo puede atraer a un perro de trineo incluso hasta el punto de la muerte.

O orgulho pode atrair um cão de trenó até mesmo à morte.

La pérdida del arnés dejó a los perros rotos y sin propósito.

Perder o arreio deixou os cães quebrados e sem propósito.

El corazón de un perro de trineo puede quedar aplastado por la vergüenza cuando se retira.

O coração de um cão de trenó pode ser esmagado pela vergonha quando ele se aposenta.

Dave vivió con ese orgullo mientras arrastraba el trineo desde atrás.

Dave viveu com esse orgulho enquanto arrastava o trenó por trás.

Solleks también lo dio todo con fuerza y lealtad.

Solleks também deu tudo de si com força e lealdade.

Cada mañana, el orgullo los transformaba de amargados a decididos.

A cada manhã, o orgulho os transformava de amargos em determinados.

Empujaron todo el día y luego se quedaron en silencio al final del campamento.

Eles insistiram o dia todo e depois ficaram em silêncio no final do acampamento.

Ese orgullo le dio a Spitz la fuerza para poner a raya a los evasores.

Esse orgulho deu a Spitz a força para colocar os preguiçosos na linha.

Spitz temía a Buck porque Buck tenía ese mismo orgullo profundo.

Spitz temia Buck porque ele carregava o mesmo orgulho profundo.

El orgullo de Buck ahora se agitó contra Spitz, y no se detuvo.

O orgulho de Buck agora se voltou contra Spitz, e ele não parou.

Buck desafió el poder de Spitz y le impidió castigar a los perros.

Buck desafiou o poder de Spitz e o impediu de punir cães.

Cuando otros fallaron, Buck se interpuso entre ellos y su líder.

Quando outros falharam, Buck se colocou entre eles e seu líder.

Lo hizo con intención, dejando claro y abierto su desafío.

Ele fez isso com intenção, deixando seu desafio aberto e claro.

Una noche, una fuerte nevada cubrió el mundo con un profundo silencio.

Certa noite, uma forte neve cobriu o mundo em profundo silêncio.

A la mañana siguiente, Pike, perezoso como siempre, no se levantó para ir a trabajar.

Na manhã seguinte, Pike, preguiçoso como sempre, não se levantou para trabalhar.

Se quedó escondido en su nido bajo una gruesa capa de nieve.

Ele ficou escondido em seu ninho, sob uma espessa camada de neve.

François gritó y buscó, pero no pudo encontrar al perro.

François gritou e procurou, mas não conseguiu encontrar o cachorro.

Spitz se puso furioso y atravesó furioso el campamento cubierto de nieve.

Spitz ficou furioso e invadiu o acampamento coberto de neve.

Gruñó y olfateó, cavando frenéticamente con ojos llameantes.

Ele rosnou e cheirou, cavando loucamente com olhos brilhantes.

Su rabia era tan feroz que Pike tembló de miedo bajo la nieve.

Sua raiva era tão intensa que Pike tremeu de medo sob a neve.

Cuando finalmente encontraron a Pike, Spitz se abalanzó sobre él para castigar al perro que estaba escondido.

Quando Pike foi finalmente encontrado, Spitz investiu para punir o cão escondido.

Pero Buck saltó entre ellos con una furia igual a la de Spitz.

Mas Buck saltou entre eles com uma fúria igual à do próprio Spitz.

El ataque fue tan repentino e inteligente que Spitz cayó al suelo.

O ataque foi tão repentino e inteligente que Spitz caiu.

Pike, que estaba temblando, se animó ante este desafío.

Pike, que estava tremendo, ganhou coragem com esse desafio.

Saltó sobre el Spitz caído, siguiendo el audaz ejemplo de Buck.

Ele saltou sobre o Spitz caído, seguindo o exemplo ousado de Buck.

Buck, que ya no estaba obligado por la justicia, se unió a la huelga de Spitz.

Buck, não mais limitado pela justiça, juntou-se à greve em Spitz.

François, divertido pero firme en su disciplina, blandió su pesado látigo.

François, divertido mas firme na disciplina, brandiu seu pesado chicote.

Golpeó a Buck con todas sus fuerzas para acabar con la pelea.

Ele atingiu Buck com toda a sua força para separar a briga.

Buck se negó a moverse y se quedó encima del líder caído.

Buck se recusou a se mover e permaneceu em cima do líder caído.

François entonces utilizó el mango del látigo y golpeó con fuerza a Buck.

François então usou o cabo do chicote, atingindo Buck com força.

Tambaleándose por el golpe, Buck cayó hacia atrás bajo el asalto.

Cambaleando devido ao golpe, Buck caiu para trás sob o ataque.

François golpeó una y otra vez mientras Spitz castigaba a Pike.

François atacou repetidamente enquanto Spitz punia Pike.

Pasaron los días y Dawson City estaba cada vez más cerca.

Os dias se passaram e Dawson City ficou cada vez mais próxima.

Buck seguía interfiriendo, interponiéndose entre Spitz y otros perros.

Buck continuou interferindo, se escondendo entre Spitz e outros cães.

Elegía bien sus momentos, esperando siempre que François se marchase.

Ele escolheu bem seus momentos, sempre esperando François ir embora.

La rebelión silenciosa de Buck se extendió y el desorden se arraigó en el equipo.

A rebelião silenciosa de Buck se espalhou e a desordem criou raízes na equipe.

Dave y Solleks se mantuvieron leales, pero otros se volvieron rebeldes.

Dave e Solleks permaneceram leais, mas outros se tornaram indisciplinados.

El equipo empeoró: se volvió inquieto, pendenciero y fuera de lugar.

A equipe piorou: ficou inquieta, briguenta e fora da linha.

Ya nada funcionaba con fluidez y las peleas se volvieron algo habitual.

Nada mais funcionava bem e as brigas se tornaram comuns.

Buck permaneció en el corazón del problema, provocando siempre malestar.

Buck permaneceu no centro dos problemas, sempre provocando inquietação.

François se mantuvo alerta, temeroso de la pelea entre Buck y Spitz.

François permaneceu alerta, com medo da briga entre Buck e Spitz.

Cada noche, las peleas lo despertaban, temiendo que finalmente llegara el comienzo.

Todas as noites, brigas o acordavam, temendo que o começo finalmente chegasse.

Saltó de su túnica, dispuesto a detener la pelea.

Ele saltou do manto, pronto para interromper a briga.

Pero el momento nunca llegó y finalmente llegaron a Dawson.

Mas o momento nunca chegou, e eles finalmente chegaram a Dawson.

El equipo entró en la ciudad una tarde sombría, tensa y silenciosa.

A equipe entrou na cidade em uma tarde sombria, tensa e silenciosa.

La gran batalla por el liderazgo todavía estaba suspendida en el aire.

A grande batalha pela liderança ainda pairava no ar congelado.

Dawson estaba lleno de hombres y perros de trineo, todos ocupados con el trabajo.

Dawson estava cheia de homens e cães de trenó, todos ocupados com o trabalho.

Buck observó a los perros tirar cargas desde la mañana hasta la noche.

Buck observou os cães puxando cargas da manhã até a noite.

Transportaban troncos y leña y transportaban suministros a las minas.

Eles transportavam toras e lenha, e transportavam suprimentos para as minas.

Donde antes trabajaban los caballos en las tierras del sur, ahora trabajaban los perros.

Onde antes os cavalos trabalhavam no Sul, agora os cães trabalhavam duro.

Buck vio algunos perros del sur, pero la mayoría eran huskies parecidos a lobos.

Buck viu alguns cães do Sul, mas a maioria eram huskies parecidos com lobos.

Por la noche, como un reloj, los perros alzaban sus voces cantando.

À noite, como um relógio, os cães levantavam suas vozes em canção.

A las nueve, a las doce y de nuevo a las tres, empezó el canto.

Às nove, à meia-noite e novamente às três, o canto começou.

A Buck le encantaba unirse a su canto misterioso, de sonido salvaje y antiguo.

Buck adorava se juntar ao canto misterioso deles, selvagem e antigo.

La aurora llameó, las estrellas bailaron y la nieve cubrió la tierra.

A aurora brilhava, as estrelas dançavam e a neve cobria a terra.

El canto de los perros se elevó como un grito contra el silencio y el frío intenso.

O canto dos cães surgiu como um grito contra o silêncio e o frio intenso.

Pero su aullido contenía tristeza, no desafío, en cada larga nota.

Mas seu uivo continha tristeza, não desafio, em cada nota longa.

Cada grito lamentable estaba lleno de súplica: el peso de la vida misma.

Cada grito lamentoso era cheio de súplica; o fardo da própria vida.

Esa canción era vieja, más vieja que las ciudades y más vieja que los incendios.

Aquela canção era velha - mais velha que cidades e mais velha que incêndios

Aquella canción era más antigua incluso que las voces de los hombres.

Aquela canção era ainda mais antiga que as vozes dos homens.

Era una canción del mundo joven, cuando todas las canciones eran tristes.

Era uma canção do mundo jovem, quando todas as canções eram tristes.

La canción transportaba el dolor de incontables generaciones de perros.

A canção carregava a tristeza de inúmeras gerações de cães.

Buck sintió la melodía profundamente, gimiendo por un dolor arraigado en los siglos.

Buck sentiu a melodia profundamente, gemendo de dor enraizada há séculos.

Sollozaba por un dolor tan antiguo como la sangre salvaje en sus venas.

Ele soluçou de uma dor tão antiga quanto o sangue selvagem em suas veias.

El frío, la oscuridad y el misterio tocaron el alma de Buck.

O frio, a escuridão e o mistério tocaram a alma de Buck.

Esa canción demostró hasta qué punto Buck había regresado a sus orígenes.

Aquela música provou o quanto Buck havia retornado às suas origens.

Entre la nieve y los aullidos había encontrado el comienzo de su propia vida.

Através da neve e dos uivos ele encontrou o começo de sua própria vida.

Siete días después de llegar a Dawson, partieron nuevamente.

Sete dias depois de chegarem a Dawson, eles partiram novamente.

El equipo descendió del cuartel hasta el sendero Yukon.

A equipe saiu do Quartel e foi até a Trilha Yukon.

Comenzaron el viaje de regreso hacia Dyea y Salt Water.

Eles começaram a jornada de volta para Dyea e Salt Water.

Perrault llevaba despachos aún más urgentes que antes.

Perrault transmitiu despachos ainda mais urgentes do que antes.

También se sintió dominado por el orgullo por el sendero y se propuso establecer un récord.

Ele também foi tomado pelo orgulho das trilhas e queria estabelecer um recorde.

Esta vez, varias ventajas estaban del lado de Perrault.

Desta vez, várias vantagens estavam do lado de Perrault.

Los perros habían descansado durante una semana entera y recuperaron su fuerza.

Os cães descansaram por uma semana inteira e recuperaram suas forças.

El camino que ellos habían abierto ahora estaba compactado por otros.

A trilha que eles haviam aberto agora estava compactada por outros.

En algunos lugares, la policía había almacenado comida tanto para perros como para hombres.

Em alguns lugares, a polícia havia armazenado comida para cães e homens.

Perrault viajaba ligero, moviéndose rápido y con poco que lo pesara.

Perrault viajava com pouca bagagem, movendo-se rápido e com pouco peso para sobrecarregá-lo.

Llegaron a Sixty-Mile, un recorrido de cincuenta millas, en la primera noche.

Eles chegaram a Sixty-Mile, uma corrida de oitenta quilômetros, na primeira noite.

El segundo día, se apresuraron a subir por el Yukón hacia Pelly.

No segundo dia, eles subiram o Yukon em direção a Pelly.

Pero estos grandes avances implicaron un gran esfuerzo para François.

Mas esse bom progresso trouxe muita tensão para François.

La rebelión silenciosa de Buck había destrozado la disciplina del equipo.

A rebelião silenciosa de Buck destruiu a disciplina da equipe.

Ya no tiraban juntos como una sola bestia bajo las riendas.

Eles não se uniam mais como uma só fera nas rédeas.

Buck había llevado a otros al desafío mediante su valiente ejemplo.

Buck levou outros à rebeldia por meio de seu exemplo ousado.

La orden de Spitz ya no fue recibida con miedo ni respeto.

O comando de Spitz não era mais recebido com medo ou respeito.

Los demás perdieron el respeto que le tenían y se atrevieron a resistirse a su gobierno.

Os outros perderam o temor por ele e ousaram resistir ao seu governo.

Una noche, Pike robó medio pescado y se lo comió bajo la mirada de Buck.

Certa noite, Pike roubou metade de um peixe e o comeu sob os olhos de Buck.

Otra noche, Dub y Joe pelearon contra Spitz y quedaron impunes.

Em outra noite, Dub e Joe lutaram contra Spitz e saíram impunes.

Incluso Billee se quejó con menos dulzura y mostró una nueva agudeza.

Até Billee choramingou menos docemente e demonstrou uma nova aspereza.

Buck le gruñó a Spitz cada vez que se cruzaban.

Buck rosnava para Spitz toda vez que seus caminhos se cruzavam.

La actitud de Buck se volvió audaz y amenazante, casi como la de un matón.

A atitude de Buck tornou-se ousada e ameaçadora, quase como a de um valentão.

Caminó delante de Spitz con arrogancia, lleno de amenaza burlona.

Ele andava de um lado para o outro na frente de Spitz com arrogância, cheio de ameaça e zombaria.

Ese colapso del orden se extendió también entre los perros de trineo.

Esse colapso da ordem também se espalhou entre os cães de trenó.

Pelearon y discutieron más que nunca, llenando el campamento de ruido.

Eles brigavam e discutiam mais do que nunca, enchendo o acampamento com barulho.

La vida en el campamento se convertía cada noche en un caos salvaje y aullante.

A vida no acampamento se transformava em um caos selvagem e estrondoso todas as noites.

Sólo Dave y Solleks permanecieron firmes y concentrados.

Somente Dave e Solleks permaneceram firmes e focados.

Pero incluso ellos se enojaron por las peleas constantes.

Mas até eles ficaram irritados por causa das brigas constantes.

François maldijo en lenguas extrañas y pisoteó con frustración.

François xingou em línguas estranhas e pisou forte de frustração.

Se tiró del pelo y gritó mientras la nieve volaba bajo sus pies.

Ele puxou os cabelos e gritou enquanto a neve voava sob seus pés.

Su látigo azotó a la manada, pero apenas logró mantenerlos bajo control.

Seu chicote estalava no bando, mas mal conseguia mantê-los na linha.

Cada vez que él le daba la espalda, la lucha estallaba de nuevo.

Sempre que ele virava as costas, a briga recomeçava.

François utilizó el látigo para azotar a Spitz, mientras Buck lideraba a los rebeldes.

François usou o chicote para Spitz, enquanto Buck liderava os rebeldes.

Cada uno conocía el papel del otro, pero Buck evitó cualquier culpa.

Cada um sabia o papel do outro, mas Buck evitou qualquer culpa.

François nunca sorprendió a Buck iniciando una pelea o eludiendo su trabajo.

François nunca pegou Buck começando uma briga ou se esquivando do seu trabalho.

Buck trabajó duro con el arnés; el trabajo ahora emocionaba su espíritu.

Buck trabalhou duro com arreios — o trabalho agora emocionava seu espírito.

Pero encontró aún más alegría al provocar peleas y caos en el campamento.

Mas ele encontrou ainda mais alegria em provocar brigas e caos no acampamento.

Una noche, en la desembocadura del Tahkeena, Dub asustó a un conejo.

Certa noite, na boca do Tahkeena, Dub assustou um coelho.

Falló el tiro y el conejo con raquetas de nieve saltó lejos.

Ele errou a captura e o coelho da neve saltou para longe.

En cuestión de segundos, todo el equipo de trineo los persiguió con gritos salvajes.

Em segundos, toda a equipe de trenó começou a persegui-los com gritos selvagens.

Cerca de allí, un campamento de la Policía del Noroeste albergaba cincuenta perros husky.

Perto dali, um acampamento da Polícia do Noroeste abrigava cinquenta cães husky.

Se unieron a la caza y navegaron juntos por el río helado.

Eles se juntaram à caçada, descendo juntos o rio congelado.

El conejo se desvió del río y huyó hacia el lecho congelado del arroyo.

O coelho desviou do rio e fugiu subindo o leito congelado de um riacho.

El conejo saltaba suavemente sobre la nieve mientras los perros se abrían paso con dificultad.

O coelho pulava levemente sobre a neve enquanto os cães lutavam para passar.

Buck lideró la enorme manada de sesenta perros en cada curva.

Buck liderava a enorme matilha de sessenta cães em cada curva sinuosa.

Avanzó lentamente y con entusiasmo, pero no pudo ganar terreno.

Ele avançou, baixo e ansioso, mas não conseguiu ganhar terreno.

Su cuerpo brillaba bajo la pálida luna con cada poderoso salto.

Seu corpo brilhava sob a lua pálida a cada salto poderoso.

Más adelante, el conejo se movía como un fantasma, silencioso y demasiado rápido para atraparlo.

À frente, o coelho se movia como um fantasma, silencioso e rápido demais para ser capturado.

Todos esos viejos instintos —el hambre, la emoción— se apoderaron de Buck.

Todos aqueles velhos instintos — a fome, a emoção — invadiram Buck.

Los humanos a veces sienten este instinto y se ven impulsados a cazar con armas de fuego y balas.

Às vezes, os humanos sentem esse instinto, levados a caçar com armas de fogo e balas.

Pero Buck sintió este sentimiento a un nivel más profundo y personal.

Mas Buck sentiu esse sentimento em um nível mais profundo e pessoal.

No podían sentir lo salvaje en su sangre como Buck podía sentirlo.

Eles não conseguiam sentir a natureza selvagem em seu sangue da mesma forma que Buck conseguia sentir.

Persiguió carne viva, dispuesto a matar con los dientes y saborear la sangre.

Ele perseguia carne viva, pronto para matar com os dentes e provar sangue.

Su cuerpo se tensó de alegría, queriendo bañarse en la cálida vida roja.

Seu corpo se contraiu de alegria, desejando banhar-se na vida quente e vermelha.

Una extraña alegría marca el punto más alto que la vida puede alcanzar.

Uma estranha alegria marca o ponto mais alto que a vida pode alcançar.

La sensación de una cima donde los vivos olvidan que están vivos.

A sensação de um pico onde os vivos esquecem que estão vivos.

Esta alegría profunda conmueve al artista perdido en una inspiración ardiente.

Essa alegria profunda toca o artista perdido em inspiração ardente.

Esta alegría se apodera del soldado que lucha salvajemente y no perdona a ningún enemigo.

Essa alegria toma conta do soldado que luta bravamente e não poupa nenhum inimigo.

Esta alegría ahora se apoderó de Buck mientras lideraba la manada con hambre primaria.

Essa alegria agora tomava conta de Buck enquanto ele liderava o bando em uma fome primitiva.

Aulló con el antiguo grito del lobo, emocionado por la persecución en vida.

Ele uivou com o antigo grito de lobo, emocionado pela perseguição viva.

Buck recurrió a la parte más antigua de sí mismo, perdida en la naturaleza.

Buck recorreu à parte mais antiga de si mesmo, perdida na natureza.

Llegó a lo más profundo, más allá de la memoria, al tiempo crudo y antiguo.

Ele alcançou o interior profundo, o passado, o tempo antigo e cru.

Una ola de vida pura recorrió cada músculo y tendón.

Uma onda de vida pura percorreu cada músculo e tendão.

Cada salto gritaba que vivía, que avanzaba a través de la muerte.

Cada salto gritava que ele vivia, que ele passava pela morte.

Su cuerpo se elevaba alegremente sobre una tierra quieta y fría que nunca se movía.

Seu corpo voou alegremente sobre a terra parada e fria que nunca se mexeu.

Spitz se mantuvo frío y astuto, incluso en sus momentos más salvajes.

Spitz permaneceu frio e astuto, mesmo em seus momentos mais selvagens.

Dejó el sendero y cruzó el terreno donde el arroyo se curvaba ampliamente.

Ele deixou a trilha e atravessou a terra onde o riacho fazia uma curva larga.

Buck, sin darse cuenta de esto, permaneció en el sinuoso camino del conejo.

Buck, sem saber disso, permaneceu no caminho sinuoso do coelho.

Entonces, cuando Buck dobló una curva, el conejo fantasmal estaba frente a él.

Então, quando Buck fez uma curva, o coelho fantasmagórico apareceu diante dele.

Vio una segunda figura saltar desde la orilla delante de la presa.

Ele viu uma segunda figura saltar da margem à frente da presa.

La figura era Spitz, aterrizando justo en el camino del conejo que huía.

A figura era Spitz, pousando bem no caminho do coelho em fuga.

El conejo no pudo girar y se encontró con las fauces de Spitz en el aire.

O coelho não conseguiu se virar e encontrou as mandíbulas de Spitz no ar.

La columna vertebral del conejo se rompió con un chillido tan agudo como el grito de un humano moribundo.

A espinha do coelho quebrou com um grito tão agudo quanto o grito de um humano moribundo.

Ante ese sonido, la caída de la vida a la muerte, la manada aulló fuerte.

Ao som daquele som — a queda da vida para a morte — a matilha uivou alto.

Un coro salvaje se elevó detrás de Buck, lleno de oscuro deleite.

Um coro selvagem surgiu atrás de Buck, cheio de prazer sombrio.

Buck no emitió ningún grito ni sonido y se lanzó directamente hacia Spitz.

Buck não deu nenhum grito, nenhum som, e avançou direto em direção a Spitz.

Apuntó a la garganta, pero en lugar de eso golpeó el hombro.

Ele mirou na garganta, mas acertou o ombro.

Cayeron sobre la nieve blanda; sus cuerpos trabados en combate.

Eles caíram na neve fofa; seus corpos travaram um combate.

Spitz se levantó rápidamente, como si nunca lo hubieran derribado.

Spitz se levantou rapidamente, como se nunca tivesse caído.

Cortó el hombro de Buck y luego saltó para alejarse de la pelea.

Ele cortou o ombro de Buck e então saltou para longe da luta.

Sus dientes chasquearon dos veces como trampas de acero y sus labios se curvaron y fueron feroces.

Duas vezes seus dentes estalaram como armadilhas de aço, lábios curvados e ferozes.

Retrocedió lentamente, buscando terreno firme bajo sus pies.

Ele recuou lentamente, buscando chão firme sob seus pés.

Buck comprendió el momento instantánea y completamente.

Buck entendeu o momento instantaneamente e completamente.

Había llegado el momento; la lucha iba a ser una lucha a muerte.

A hora havia chegado; a luta seria até a morte.

Los dos perros daban vueltas, gruñendo, con las orejas planas y los ojos entrecerrados.

Os dois cães circulavam, rosnando, com as orelhas achatadas e os olhos semicerrados.

Cada perro esperaba que el otro mostrara debilidad o un paso en falso.

Cada cão esperava que o outro demonstrasse fraqueza ou passo em falso.

Para Buck, la escena era inquietantemente conocida y recordada profundamente.

Para Buck, a cena parecia estranhamente conhecida e profundamente lembrada.

El bosque blanco, la tierra fría, la batalla bajo la luz de la luna.

As florestas brancas, a terra fria, a batalha sob o luar.

Un pesado silencio llenó la tierra, profundo y antinatural.

Um silêncio pesado enchia a terra, profundo e sobrenatural.

Ningún viento se agitó, ninguna hoja se movió, ningún sonido rompió la quietud.

Nenhum vento soprava, nenhuma folha se movia, nenhum som quebrava o silêncio.

El aliento de los perros se elevaba como humo en el aire helado y silencioso.

A respiração dos cães subia como fumaça no ar congelado e silencioso.

El conejo fue olvidado hace mucho tiempo por la manada de bestias salvajes.

O coelho foi esquecido há muito tempo pela matilha de feras selvagens.

Estos lobos medio domesticados ahora permanecían quietos formando un amplio círculo.

Esses lobos meio domesticados agora estavam parados em um amplo círculo.

Estaban en silencio, sólo sus ojos brillantes revelaban su hambre.

Eles estavam quietos, apenas seus olhos brilhantes revelavam sua fome.

Su respiración se elevó mientras observaban cómo comenzaba la pelea final.

A respiração deles subiu, observando a luta final começar.

Para Buck, esta batalla era vieja y esperada, nada extraña.

Para Buck, essa batalha era antiga e esperada, nada estranha.

Parecía el recuerdo de algo que siempre estuvo destinado a suceder.

Parecia uma lembrança de algo que sempre deveria acontecer.

Spitz era un perro de pelea entrenado, perfeccionado por innumerables peleas salvajes.

Spitz era um cão de luta treinado, aperfeiçoado por inúmeras brigas selvagens.

Desde Spitzbergen hasta Canadá, había vencido a muchos enemigos.

De Spitzbergen ao Canadá, ele derrotou muitos inimigos.

Estaba lleno de furia, pero nunca dejó controlar la rabia.

Ele estava cheio de fúria, mas nunca deu controle à raiva.

Su pasión era aguda, pero siempre templada por un duro instinto.

Sua paixão era intensa, mas sempre temperada por um forte instinto.

Nunca atacó hasta que su propia defensa estuvo en su lugar.

Ele nunca atacou até que sua própria defesa estivesse pronta.

Buck intentó una y otra vez alcanzar el vulnerable cuello de Spitz.

Buck tentou várias vezes alcançar o pescoço vulnerável de Spitz.

Pero cada golpe era correspondido con un corte de los afilados dientes de Spitz.

Mas cada golpe era recebido com um corte dos dentes afiados de Spitz.

Sus colmillos chocaron y ambos perros sangraron por los labios desgarrados.

Suas presas se chocaram, e ambos os cães sangraram pelos lábios dilacerados.

No importaba cuánto se lanzara Buck, no podía romper la defensa.

Não importava o quanto Buck atacasse, ele não conseguia quebrar a defesa.

Se puso más furioso y se abalanzó con salvajes ráfagas de poder.

Ele ficou mais furioso, avançando com explosões selvagens de poder.

Una y otra vez, Buck atacó la garganta blanca de Spitz.

Repetidamente, Buck atacou a garganta branca de Spitz.

Cada vez que Spitz esquivaba el ataque, contraatacaba con un mordisco cortante.

Cada vez que Spitz se esquivava, ele revidava com uma mordida cortante.

Entonces Buck cambió de táctica y se abalanzó nuevamente hacia la garganta.

Então Buck mudou de tática, avançando como se fosse em direção à garganta novamente.

Pero él retrocedió a mitad del ataque y se giró para atacar desde un costado.

Mas ele recuou no meio do ataque, virando-se para atacar de lado.

Le lanzó el hombro a Spitz con la intención de derribarlo.

Ele jogou o ombro em Spitz, com a intenção de derrubá-lo.

Cada vez que lo intentaba, Spitz lo esquivaba y contraatacaba con un corte.

Cada vez que ele tentava, Spitz desviava e contra-atacava com um golpe.

El hombro de Buck se enrojeció cuando Spitz saltó después de cada golpe.

O ombro de Buck ficou em carne viva quando Spitz saltou para longe após cada golpe.

Spitz no había sido tocado, mientras que Buck sangraba por muchas heridas.

Spitz não foi tocado, enquanto Buck sangrava por muitos ferimentos.

La respiración de Buck era rápida y pesada y su cuerpo estaba cubierto de sangre.

A respiração de Buck estava rápida e pesada, seu corpo coberto de sangue.

La pelea se volvió más brutal con cada mordisco y embestida.

A luta se tornou mais brutal a cada mordida e investida.

A su alrededor, sesenta perros silenciosos esperaban que cayera el primero.

Ao redor deles, sessenta cães silenciosos esperavam que o primeiro caísse.

Si un perro caía, la manada terminaría la pelea.

Se um cachorro caísse, a matilha terminaria a luta.

Spitz vio que Buck se estaba debilitando y comenzó a presionar para atacar.

Spitz viu Buck enfraquecendo e começou a pressionar o ataque.

Mantuvo a Buck fuera de equilibrio, obligándolo a luchar para mantener el equilibrio.

Ele manteve Buck desequilibrado, forçando-o a lutar para manter o equilíbrio.

Una vez Buck tropezó y cayó, y todos los perros se levantaron.

Certa vez, Buck tropeçou e caiu, e todos os cães se levantaram.

Pero Buck se enderezó a mitad de la caída y todos volvieron a caer.

Mas Buck se endireitou no meio da queda, e todos afundaram novamente.

Buck tenía algo poco común: una imaginación nacida de un instinto profundo.

Buck tinha algo raro: imaginação nascida de um instinto profundo.

Peleó con impulso natural, pero también peleó con astucia.

Ele lutou por impulso natural, mas também lutou com astúcia.

Cargó de nuevo como si repitiera su truco de ataque con el hombro.

Ele atacou novamente como se estivesse repetindo seu truque de ataque de ombro.

Pero en el último segundo, se agachó y pasó por debajo de Spitz.

Mas no último segundo, ele se abaixou e passou por baixo de Spitz.

Sus dientes se clavaron en la pata delantera izquierda de Spitz con un chasquido.

Seus dentes se fecharam na perna dianteira esquerda de Spitz com um estalo.

Spitz ahora estaba inestable, con su peso sobre sólo tres patas.

Spitz agora estava instável, com seu peso apoiado em apenas três pernas.

Buck atacó de nuevo e intentó derribarlo tres veces.
Buck atacou novamente e tentou derrubá-lo três vezes.
En el cuarto intento utilizó el mismo movimiento con éxito.
Na quarta tentativa ele usou o mesmo movimento com
sucesso
Esta vez Buck logró morder la pata derecha de Spitz.
Desta vez, Buck conseguiu morder a perna direita de Spitz.
**Spitz, aunque lisiado y en agonía, siguió luchando por
sobrevivir.**
Spitz, embora aleijado e em agonia, continuou lutando para
sobreviver.
**Vio que el círculo de huskies se estrechaba, con las lenguas
afuera y los ojos brillantes.**
Ele viu o círculo de huskies se estreitar, com as línguas de fora
e os olhos brilhando.
**Esperaron para devorarlo, tal como habían hecho con los
otros.**
Eles esperaram para devorá-lo, assim como fizeram com os
outros.
Esta vez, él estaba en el centro; derrotado y condenado.
Desta vez, ele ficou no centro; derrotado e condenado.
Ya no había opción de escapar para el perro blanco.
Agora não havia mais opção de fuga para o cão branco.
**Buck no mostró piedad, porque la piedad no pertenecía a la
naturaleza.**
Buck não demonstrou misericórdia, pois misericórdia não
pertence à natureza.
**Buck se movió con cuidado, preparándose para la carga
final.**
Buck se moveu com cuidado, preparando-se para o ataque
final.
**El círculo de perros esquimales se cerró; sintió sus
respiraciones cálidas.**
O círculo de huskies se fechou; ele sentiu suas respirações
quentes.
**Se agacharon, preparados para saltar cuando llegara el
momento.**

Eles se agacharam, preparados para atacar quando chegasse o momento.

Spitz temblaba en la nieve, gruñendo y cambiando su postura.

Spitz tremeu na neve, rosnando e mudando de posição.

Sus ojos brillaban, sus labios se curvaron y sus dientes brillaron en una amenaza desesperada.

Seus olhos brilhavam, seus lábios se curvavam e seus dentes brilhavam em uma ameaça desesperada.

Se tambaleó, todavía intentando contener el frío mordisco de la muerte.

Ele cambaleou, ainda tentando segurar a fria mordida da morte.

Ya había visto esto antes, pero siempre desde el lado ganador.

Ele já tinha visto isso antes, mas sempre do lado vencedor.

Ahora estaba en el bando perdedor; el derrotado; la presa; la muerte.

Agora ele estava do lado perdedor; o derrotado; a presa; a morte.

Buck voló en círculos para asestar el golpe final, mientras el círculo de perros se acercaba cada vez más.

Buck circulou para o golpe final, o círculo de cães se aproximando.

Podía sentir sus respiraciones calientes; listas para matar.

Ele podia sentir suas respirações quentes; prontos para matar.

Se hizo un silencio absoluto, todo estaba en su lugar, el tiempo se había detenido.

Houve um silêncio; tudo estava em seu lugar; o tempo havia parado.

Incluso el aire frío entre ellos se congeló por un último momento.

Até o ar frio entre eles congelou por um último momento.

Sólo Spitz se movió, intentando contener su amargo final.

Somente Spitz se moveu, tentando evitar seu amargo fim.

El círculo de perros se iba cerrando a su alrededor, tal como era su destino.

O círculo de cães estava se fechando ao redor dele, assim como seu destino.

Ahora estaba desesperado, sabiendo lo que estaba a punto de suceder.

Ele estava desesperado agora, sabendo o que estava prestes a acontecer.

Buck saltó y hombro con hombro chocó una última vez.

Buck saltou, ombro a ombro uma última vez.

Los perros se lanzaron hacia adelante, cubriendo a Spitz en la oscuridad nevada.

Os cães avançaram, cobrindo Spitz na escuridão da neve.

Buck observaba, erguido, vencedor en un mundo salvaje.

Buck observou, de pé; o vencedor em um mundo selvagem.

La bestia primordial dominante había cometido su asesinato, y fue bueno.

A besta primordial dominante havia feito sua presa, e foi boa.

Aquel que ha alcanzado la maestría
Aquele que venceu a Maestria

¿Eh? ¿Qué dije? **Digo la verdad cuando digo que Buck es un demonio.**
"Hã? O que eu disse? Falo a verdade quando digo que o Buck é um demônio."
François dijo esto a la mañana siguiente después de descubrir que Spitz había desaparecido.
François disse isso na manhã seguinte, depois de descobrir que Spitz havia desaparecido.
Buck permaneció allí, cubierto de heridas por la feroz pelea.
Buck ficou ali, coberto de ferimentos da luta violenta.
François acercó a Buck al fuego y señaló las heridas.
François puxou Buck para perto do fogo e apontou para os ferimentos.
"Ese Spitz peleó como Devik", dijo Perrault, mirando los profundos cortes.
"Aquele Spitz lutou como o Devik", disse Perrault, olhando para os cortes profundos.
—Y ese Buck peleó como dos demonios —respondió François inmediatamente.
"E aquele Buck lutou como dois demônios", respondeu François imediatamente.
"Ahora iremos a buen ritmo; no más Spitz, no más problemas".
"Agora faremos um bom tempo; chega de Spitz, chega de problemas."
Perrault estaba empacando el equipo y cargando el trineo con cuidado.
Perrault estava empacotando o equipamento e carregou o trenó com cuidado.
François enjaezó a los perros para prepararlos para la carrera del día.
François preparou os cães para a corrida do dia.
Buck trotó directamente a la posición de liderazgo que alguna vez ocupó Spitz.

Buck trotou direto para a posição de liderança antes ocupada por Spitz.

Pero François, sin darse cuenta, condujo a Solleks hacia el frente.

Mas François, sem perceber, levou Solleks para a frente.

A juicio de François, Solleks era ahora el mejor perro guía.

Na opinião de François, Solleks era agora o melhor cão guia.

Buck se abalanzó furioso sobre Solleks y lo hizo retroceder en protesta.

Buck avançou furioso contra Solleks e o empurrou para trás em protesto.

Se situó en el mismo lugar que una vez estuvo Spitz, ocupando la posición de liderazgo.

Ele ficou onde Spitz esteve uma vez, reivindicando a posição de liderança.

—¿Eh? ¿Eh? —gritó François, dándose palmadas en los muslos, divertido.

"É? É?", gritou François, dando tapinhas nas coxas, divertido.

—Mira a Buck. Mató a Spitz y ahora quiere aceptar el trabajo.

"Olhe para o Buck, ele matou o Spitz e agora quer assumir o trabalho!"

—¡Vete, Chook! —gritó, intentando ahuyentar a Buck.

"Vá embora, Chook!" ele gritou, tentando afastar Buck.

Pero Buck se negó a moverse y se mantuvo firme en la nieve.

Mas Buck se recusou a se mover e permaneceu firme na neve.

François agarró a Buck por la nuca y lo arrastró a un lado.

François agarrou Buck pelo pescoço e o arrastou para o lado.

Buck gruñó bajo y amenazante, pero no atacó.

Buck rosnou baixo e ameaçadoramente, mas não atacou.

François puso a Solleks de nuevo en cabeza, intentando resolver la disputa.

François colocou Solleks de volta na liderança, tentando resolver a disputa

El perro viejo mostró miedo de Buck y no quería quedarse.

O velho cachorro demonstrou medo de Buck e não queria ficar.

Cuando François le dio la espalda, Buck expulsó nuevamente a Solleks.

Quando François virou as costas, Buck expulsou Solleks novamente.

Solleks no se resistió y se hizo a un lado silenciosamente una vez más.

Solleks não resistiu e silenciosamente se afastou mais uma vez.

François se enojó y gritó: "¡Por Dios, te arreglo!"

François ficou furioso e gritou: "Por Deus, eu vou te consertar!"

Se acercó a Buck sosteniendo un pesado garrote en su mano.

Ele veio em direção a Buck segurando um pesado porrete na mão.

Buck recordaba bien al hombre del suéter rojo.

Buck se lembrava bem do homem do suéter vermelho.

Se retiró lentamente, observando a François, pero gruñendo profundamente.

Ele recuou lentamente, observando François, mas rosnando profundamente.

No se apresuró a regresar, incluso cuando Solleks ocupó su lugar.

Ele não voltou correndo, mesmo quando Solleks assumiu seu lugar.

Buck voló en círculos fuera de su alcance, gruñendo con furia y protesta.

Buck circulou além do alcance, rosnando em fúria e protesto.

Mantuvo la vista fija en el palo, dispuesto a esquivarlo si François lanzaba.

Ele manteve os olhos no taco, pronto para desviar se François jogasse.

Se había vuelto sabio y cauteloso en cuanto a las costumbres de los hombres con armas.

Ele se tornou sábio e cauteloso em relação aos costumes dos homens armados.

François se dio por vencido y llamó a Buck nuevamente a su antiguo lugar.

François desistiu e chamou Buck novamente para seu antigo lugar.

Pero Buck retrocedió con cautela, negándose a obedecer la orden.

Mas Buck recuou cautelosamente, recusando-se a obedecer à ordem.

François lo siguió, pero Buck sólo retrocedió unos pasos más.

François o seguiu, mas Buck recuou apenas mais alguns passos.

Después de un tiempo, François arrojó el arma al suelo, frustrado.

Depois de algum tempo, François jogou a arma no chão, frustrado.

Pensó que Buck tenía miedo de que le dieran una paliza y que iba a venir sin hacer mucho ruido.

Ele pensou que Buck estava com medo de apanhar e iria agir discretamente.

Pero Buck no estaba evitando el castigo: estaba luchando por su rango.

Mas Buck não estava evitando a punição: ele estava lutando por posição.

Se había ganado el puesto de perro líder mediante una pelea a muerte.

Ele conquistou o posto de cão líder por meio de uma luta até a morte

No iba a conformarse con nada menos que ser el líder.

ele não iria se contentar com nada menos do que ser o líder.

Perrault participó en la persecución para ayudar a atrapar al rebelde Buck.

Perrault ajudou na perseguição para capturar o rebelde Buck.

Juntos lo hicieron correr alrededor del campamento durante casi una hora.

Juntos, eles o fizeram correr pelo acampamento por quase uma hora.

Le lanzaron garrotes, pero Buck los esquivó hábilmente.

Eles atiraram cassetetes nele, mas Buck desviou de cada um deles habilmente.

Lo maldijeron a él, a sus padres, a sus descendientes y a cada cabello que tenía.

Eles o amaldiçoaram, a seus ancestrais, a seus descendentes e a cada fio de cabelo dele.

Pero Buck sólo gruñó y se quedó fuera de su alcance.

Mas Buck apenas rosnou de volta e ficou fora do alcance deles.

Nunca intentó huir, sino que rodeó el campamento deliberadamente.

Ele nunca tentou fugir, mas circulou o acampamento deliberadamente.

Dejó claro que obedecería una vez que le dieran lo que quería.

Ele deixou claro que iria obedecer quando lhe dessem o que queria.

François finalmente se sentó y se rascó la cabeza con frustración.

François finalmente sentou-se e coçou a cabeça, frustrado.

Perrault miró su reloj, maldijo y murmuró algo sobre el tiempo perdido.

Perrault olhou para o relógio, xingou e murmurou sobre o tempo perdido.

Ya había pasado una hora cuando debían estar en el sendero.

Já havia passado uma hora em que eles deveriam estar na trilha.

François se encogió de hombros tímidamente y miró al mensajero, quien suspiró derrotado.

François deu de ombros timidamente para o mensageiro, que suspirou derrotado.

Entonces François se acercó a Solleks y llamó a Buck una vez más.

Então François caminhou até Solleks e chamou Buck mais uma vez.

Buck se rió como se ríe un perro, pero mantuvo una distancia cautelosa.

Buck riu como um cachorro ri, mas manteve uma distância cautelosa.

François le quitó el arnés a Solleks y lo devolvió a su lugar.

François removeu o arreio de Solleks e o colocou de volta em seu lugar.

El equipo de trineo estaba completamente arneses y solo había un lugar libre.

A equipe de trenó estava totalmente equipada, com apenas uma vaga vazia.

La posición de liderazgo quedó vacía, claramente destinada solo para Buck.

A posição de liderança permaneceu vazia, claramente destinada apenas a Buck.

François volvió a llamar, y nuevamente Buck rió y se mantuvo firme.

François chamou novamente, e mais uma vez Buck riu e se manteve firme.

—Tira el garrote —ordenó Perrault sin dudarlo.

"Jogue o porrete no chão", ordenou Perrault sem hesitar.

François obedeció y Buck inmediatamente trotó hacia adelante orgulloso.

François obedeceu, e Buck imediatamente trotou para frente, orgulhoso.

Se rió triunfante y asumió la posición de líder.

Ele riu triunfantemente e assumiu a posição de liderança.

François aseguró sus correajes y el trineo se soltó.

François prendeu seus rastros e o trenó foi solto.

Ambos hombres corrieron al lado del equipo mientras corrían hacia el sendero del río.

Os dois homens correram juntos enquanto a equipe avançava pela trilha do rio.

François tenía en alta estima a los "dos demonios" de Buck.

François tinha em alta conta os "dois demônios" de Buck,

Pero pronto se dio cuenta de que en realidad había subestimado al perro.

mas ele logo percebeu que na verdade havia subestimado o cachorro.

Buck asumió rápidamente el liderazgo y trabajó con excelencia.

Buck rapidamente assumiu a liderança e teve um desempenho excelente.

En juicio, pensamiento rápido y acción veloz, Buck superó a Spitz.

Em julgamento, raciocínio rápido e ação rápida, Buck superou Spitz.

François nunca había visto un perro igual al que Buck mostraba ahora.

François nunca tinha visto um cão igual ao que Buck agora exibia.

Pero Buck realmente sobresalía en imponer el orden e imponer respeto.

Mas Buck realmente se destacou em impor a ordem e impor respeito.

Dave y Solleks aceptaron el cambio sin preocupación ni protesta.

Dave e Solleks aceitaram a mudança sem preocupação ou protesto.

Se concentraron únicamente en el trabajo y en tirar con fuerza de las riendas.

Eles se concentravam apenas no trabalho e em puxar as rédeas com força.

A ellos les importaba poco quién iba delante, siempre y cuando el trineo siguiera moviéndose.

Pouco se importavam com quem liderava, desde que o trenó continuasse se movendo.

Billee, la alegre, podría haber liderado todo lo que a ellos les importaba.

Billee, o alegre, poderia ter liderado, se importasse.

Lo que les importaba era la paz y el orden en las filas.

O que importava para eles era a paz e a ordem nas fileiras.

El resto del equipo se había vuelto rebelde durante la decadencia de Spitz.

O resto da equipe ficou indisciplinado durante o declínio de Spitz.

Se sorprendieron cuando Buck inmediatamente los puso en orden.

Eles ficaram chocados quando Buck imediatamente os colocou em ordem.

Pike siempre había sido perezoso y arrastraba los pies detrás de Buck.

Pike sempre foi preguiçoso e arrastava os pés atrás de Buck.

Pero ahora el nuevo liderazgo lo ha disciplinado severamente.

Mas agora foi severamente disciplinado pela nova liderança.

Y rápidamente aprendió a aportar su granito de arena en el equipo.

E ele rapidamente aprendeu a contribuir com a equipe.

Al final del día, Pike trabajó más duro que nunca.

No final do dia, Pike trabalhou mais do que nunca.

Esa noche en el campamento, Joe, el perro amargado, finalmente fue sometido.

Naquela noite no acampamento, Joe, o cão azedo, foi finalmente subjugado.

Spitz no logró disciplinarlo, pero Buck no falló.

Spitz falhou em discipliná-lo, mas Buck não falhou.

Utilizando su mayor peso, Buck superó a Joe en segundos.

Usando seu peso maior, Buck dominou Joe em segundos.

Mordió y golpeó a Joe hasta que gimió y dejó de resistirse.

Ele mordeu e bateu em Joe até que ele choramingou e parou de resistir.

Todo el equipo mejoró a partir de ese momento.

A partir daquele momento, toda a equipe melhorou.

Los perros recuperaron su antigua unidad y disciplina.

Os cães recuperaram sua antiga unidade e disciplina.

En Rink Rapids, se unieron dos nuevos huskies nativos, Teek y Koona.

Em Rink Rapids, dois novos huskies nativos, Teek e Koona, se juntaram.

El rápido entrenamiento que Buck les dio sorprendió incluso a François.

O rápido treinamento de Buck surpreendeu até mesmo François.

"¡Nunca hubo un perro como ese Buck!" gritó con asombro.

"Nunca existiu um cão como aquele Buck!" ele gritou, espantado.

¡No, jamás! ¡Vale mil dólares, por Dios!

"Não, nunca! Ele vale mil dólares, meu Deus!"

—¿Eh? ¿Qué dices, Perrault? —preguntó con orgullo.

"Hã? O que você diz, Perrault?", perguntou ele, orgulhoso.

Perrault asintió en señal de acuerdo y revisó sus notas.

Perrault concordou com a cabeça e verificou suas anotações.

Ya vamos por delante del cronograma y ganamos más cada día.

Já estamos adiantados e ganhando mais a cada dia.

El sendero estaba duro y liso, sin nieve fresca.

A trilha era compactada e lisa, sem neve fresca.

El frío era constante, rondando los cincuenta grados bajo cero durante todo el tiempo.

O frio era constante, oscilando em torno de cinquenta graus abaixo de zero o tempo todo.

Los hombres cabalgaban y corrían por turnos para entrar en calor y ganar tiempo.

Os homens cavalgavam e corriam em turnos para se manterem aquecidos e ganhar tempo.

Los perros corrían rápido, con pocas paradas y siempre avanzando.

Os cães corriam rápido, com poucas paradas, sempre avançando.

El río Thirty Mile estaba casi congelado y era fácil cruzarlo.

O Rio Thirty Mile estava quase todo congelado e era fácil atravessá-lo.

Salieron en un día lo que habían tardado diez días en llegar.

Eles saíram em um dia o que levou dez dias para chegar.

Hicieron una carrera de sesenta millas desde el lago Le Barge hasta White Horse.

Eles correram 96 quilômetros do Lago Le Barge até White Horse.

A través de los lagos Marsh, Tagish y Bennett se movieron increíblemente rápido.

Eles se moveram incrivelmente rápido pelos lagos Marsh, Tagish e Bennett.

El hombre corriendo remolcado detrás del trineo por una cuerda.

O homem correndo foi rebocado pelo trenó por uma corda.

En la última noche de la segunda semana llegaron a su destino.

Na última noite da segunda semana eles chegaram ao seu destino.

Habían llegado juntos a la cima del Paso Blanco.

Eles chegaram juntos ao topo do White Pass.

Descendieron al nivel del mar con las luces de Skaguay debajo de ellos.

Eles desceram ao nível do mar com as luzes de Skaguay abaixo deles.

Había sido una carrera que estableció un récord a través de kilómetros de desierto frío.

Foi uma corrida recorde atravessando quilômetros de deserto frio.

Durante catorce días seguidos, recorrieron un promedio de cuarenta millas.

Durante quatorze dias seguidos, eles percorreram uma média de 64 quilômetros.

En Skaguay, Perrault y François transportaban mercancías por la ciudad.

Em Skaguay, Perrault e François movimentaram cargas pela cidade.

Fueron aplaudidos y la multitud admirada les ofreció muchas bebidas.

Eles foram aplaudidos e receberam muitas bebidas da multidão admirada.

Los cazadores de perros y los trabajadores se reunieron alrededor del famoso equipo de perros.

Caçadores de cães e trabalhadores se reuniram em torno do famoso grupo de cães.

Luego, los forajidos del oeste llegaron a la ciudad y sufrieron una derrota violenta.

Então, bandidos ocidentais chegaram à cidade e foram violentamente derrotados.

La gente pronto se olvidó del equipo y se centró en un nuevo drama.

As pessoas logo esqueceram o time e se concentraram em um novo drama.

Luego vinieron las nuevas órdenes que cambiaron todo de golpe.

Então vieram as novas ordens que mudaram tudo de uma vez.

François llamó a Buck y lo abrazó con orgullo entre lágrimas.

François chamou Buck e o abraçou com orgulho e lágrimas.

Ese momento fue la última vez que Buck volvió a ver a François.

Aquele momento foi a última vez que Buck viu François novamente.

Como muchos hombres antes, tanto François como Perrault se habían ido.

Como muitos homens antes, François e Perrault se foram.

Un mestizo escocés se hizo cargo de Buck y sus compañeros de equipo de perros de trineo.

Um mestiço escocês tomou conta de Buck e seus companheiros de equipe de cães de trenó.

Con una docena de otros equipos de perros, regresaron por el sendero hasta Dawson.

Com uma dúzia de outras equipes de cães, eles retornaram pela trilha até Dawson.

Ya no era una carrera rápida, solo un trabajo duro con una carga pesada cada día.

Não era uma corrida rápida, apenas um trabalho pesado com uma carga pesada a cada dia.

Éste era el tren correo que llevaba noticias a los buscadores de oro cerca del Polo.

Este era o trem dos correios, trazendo notícias aos caçadores de ouro perto do Polo.

A Buck no le gustaba el trabajo, pero lo soportaba bien y se enorgullecía de su esfuerzo.

Buck não gostava do trabalho, mas o suportava bem, orgulhando-se de seu esforço.

Al igual que Dave y Solleks, Buck mostró devoción por cada tarea diaria.

Assim como Dave e Solleks, Buck demonstrou dedicação a cada tarefa diária.

Se aseguró de que cada uno de sus compañeros hiciera su parte.

Ele garantiu que cada um dos seus companheiros de equipe fizesse a sua parte.

La vida en el sendero se volvió aburrida, repetida con la precisión de una máquina.

A vida na trilha tornou-se monótona, repetida com a precisão de uma máquina.

Cada día parecía igual, una mañana se fundía con la siguiente.

Cada dia parecia o mesmo, uma manhã se misturando à outra.

A la misma hora, los cocineros se levantaron para hacer fogatas y preparar la comida.

Na mesma hora, os cozinheiros se levantaram para acender fogueiras e preparar comida.

Después del desayuno, algunos abandonaron el campamento mientras otros enjaezaron los perros.

Depois do café da manhã, alguns deixaram o acampamento enquanto outros atrelaram os cães.

Se pusieron en marcha antes de que la tenue señal del amanecer tocara el cielo.

Eles pegaram a trilha antes que o tênue sinal do amanhecer tocasse o céu.

Por la noche se detenían para acampar, cada hombre con una tarea determinada.

À noite, eles paravam para acampar, cada homem com uma tarefa definida.

Algunos montaron tiendas de campaña, otros cortaron leña y recogieron ramas de pino.

Alguns montaram as tendas, outros cortaram lenha e coletaram galhos de pinheiro.

Se llevaba agua o hielo a los cocineros para la cena.

Água ou gelo eram levados de volta aos cozinheiros para a refeição da noite.

Los perros fueron alimentados y esta fue la mejor parte del día para ellos.

Os cães foram alimentados e esta foi a melhor parte do dia para eles.

Después de comer pescado, los perros se relajaron y descansaron cerca del fuego.

Depois de comerem o peixe, os cães relaxaram e descansaram perto do fogo.

Había otros cien perros en el convoy con los que mezclarse.

Havia centenas de outros cães no comboio para se misturar.

Muchos de esos perros eran feroces y rápidos para pelear sin previo aviso.

Muitos desses cães eram ferozes e rápidos para brigar sem aviso.

Pero después de tres victorias, Buck dominó incluso a los luchadores más feroces.

Mas depois de três vitórias, Buck dominou até os lutadores mais ferozes.

Cuando Buck gruñó y mostró los dientes, se hicieron a un lado.

Agora, quando Buck rosnou e mostrou os dentes, eles se afastaram.

Quizás lo mejor de todo es que a Buck le encantaba tumbarse cerca de la fogata parpadeante.

Talvez o melhor de tudo é que Buck adorava ficar deitado perto da fogueira bruxuleante.

Se agachó con las patas traseras dobladas y las patas delanteras estiradas hacia adelante.

Ele se agachou com as patas traseiras dobradas e as dianteiras esticadas para a frente.

Levantó la cabeza mientras parpadeaba suavemente ante las llamas brillantes.

Sua cabeça estava erguida enquanto ele piscava suavemente para as chamas brilhantes.

A veces recordaba la gran casa del juez Miller en Santa Clara.

Às vezes ele se lembrava da grande casa do juiz Miller em Santa Clara.

Pensó en la piscina de cemento, en Ysabel y en el pug llamado Toots.

Ele pensou na piscina de cimento, em Ysabel e no pug chamado Toots.

Pero más a menudo recordaba el garrote del hombre del suéter rojo.

Mas, com mais frequência, ele se lembrava do porrete do homem do suéter vermelho.

Recordó la muerte de Curly y su feroz batalla con Spitz.

Ele se lembrou da morte de Curly e de sua batalha feroz com Spitz.

También recordó la buena comida que había comido o con la que aún soñaba.

Ele também se lembrou da boa comida que havia comido ou com a qual ainda sonhava.

Buck no sentía nostalgia: el cálido valle era distante e irreal.

Buck não sentia saudades de casa: o vale quente era distante e irreal.

Los recuerdos de California ya no ejercían ninguna atracción sobre él.

As lembranças da Califórnia não tinham mais nenhum poder sobre ele.

Más fuertes que la memoria eran los instintos profundos en su linaje.

Mais fortes que a memória eram os instintos arraigados em sua linhagem.

Los hábitos que una vez se habían perdido habían regresado, revividos por el camino y la naturaleza.

Hábitos perdidos retornaram, revividos pela trilha e pela natureza.

Mientras Buck observaba la luz del fuego, a veces se convertía en otra cosa.

Enquanto Buck observava a luz do fogo, ela às vezes se transformava em outra coisa.

Vio a la luz del fuego otro fuego, más antiguo y más profundo que el actual.

Ele viu à luz do fogo outro fogo, mais antigo e mais profundo que o atual.

Junto a ese otro fuego se agazapaba un hombre que no se parecía en nada al cocinero mestizo.

Ao lado daquela outra fogueira estava agachado um homem diferente do cozinheiro mestiço.

Esta figura tenía piernas cortas, brazos largos y músculos duros y anudados.

Essa figura tinha pernas curtas, braços longos e músculos duros e nodosos.

Su cabello era largo y enmarañado, y caía hacia atrás desde los ojos.

Seu cabelo era longo e emaranhado, caindo para trás, a partir dos olhos.

Hizo ruidos extraños y miró con miedo hacia la oscuridad.

Ele fez sons estranhos e olhou com medo para a escuridão.

Sostenía agachado un garrote de piedra, firmemente agarrado con su mano larga y áspera.

Ele segurava uma pedra bem baixa, firmemente agarrada em sua mão longa e áspera.

El hombre vestía poco: sólo una piel carbonizada que le colgaba por la espalda.

O homem vestia pouca coisa; apenas uma pele carbonizada que pendia sobre suas costas.

Su cuerpo estaba cubierto de espeso vello en los brazos, el pecho y los muslos.

Seu corpo era coberto de pelos grossos nos braços, peito e coxas.

Algunas partes del cabello estaban enredadas en parches de pelaje áspero.

Algumas partes do cabelo estavam emaranhadas em pedaços de pelo áspero.

No se mantenía erguido, sino inclinado hacia delante desde las caderas hasta las rodillas.

Ele não ficou em pé, mas sim curvado para a frente, dos quadris aos joelhos.

Sus pasos eran elásticos y felinos, como si estuviera siempre dispuesto a saltar.

Seus passos eram elásticos e felinos, como se estivesse sempre pronto para saltar.

Había un estado de alerta agudo, como si viviera con miedo constante.

Havia um estado de alerta intenso, como se ele vivesse em medo constante.

Este hombre anciano parecía esperar el peligro, ya sea que lo viera o no.

Este homem antigo parecia esperar perigo, quer o perigo fosse visto ou não.

A veces, el hombre peludo dormía junto al fuego, con la cabeza metida entre las piernas.

Às vezes, o homem peludo dormia perto do fogo, com a cabeça entre as pernas.

Sus codos descansaban sobre sus rodillas, sus manos entrelazadas sobre su cabeza.

Seus cotovelos estavam apoiados nos joelhos e suas mãos estavam cruzadas acima da cabeça.

Como un perro, usó sus brazos peludos para protegerse de la lluvia que caía.

Como um cão, ele usou seus braços peludos para afastar a chuva que caía.

Más allá de la luz del fuego, Buck vio dos brasas brillando en la oscuridad.

Além da luz do fogo, Buck viu duas brasas brilhando no escuro.

Siempre de dos en dos, eran los ojos de las bestias rapaces al acecho.

Sempre dois a dois, eles eram os olhos de animais predadores à espreita.

Escuchó cuerpos chocando contra la maleza y ruidos en la noche.

Ele ouviu corpos caindo nos arbustos e sons feitos na noite.

Acostado en la orilla del Yukón, parpadeando, Buck soñaba junto al fuego.

Deitado na margem do Yukon, piscando, Buck sonhava perto do fogo.

Las vistas y los sonidos de ese mundo salvaje le ponían los pelos de punta.

As imagens e os sons daquele mundo selvagem faziam seus cabelos ficarem arrepiados.

El pelaje se le subió por la espalda, los hombros y el cuello.

Os pelos se eriçaram ao longo de suas costas, ombros e pescoço.

Él gimió suavemente o emitió un gruñido bajo y profundo en su pecho.

Ele choramingava baixinho ou soltava um rosnado baixo, bem no fundo do peito.

Entonces el cocinero mestizo gritó: "¡Oye, Buck, despierta!"

Então o cozinheiro mestiço gritou: "Ei, Buck, acorde!"

El mundo de los sueños desapareció y la vida real regresó a los ojos de Buck.

O mundo dos sonhos desapareceu e a vida real retornou aos olhos de Buck.

Iba a levantarse, estirarse y bostezar, como si acabara de despertar de una siesta.

Ele ia se levantar, se espreguiçar e bocejar, como se tivesse acordado de um cochilo.

El viaje fue duro, con el trineo del correo arrastrándose detrás de ellos.

A viagem foi difícil, com o trenó dos correios arrastando-se atrás deles.

Las cargas pesadas y el trabajo duro agotaban a los perros cada largo día.

Cargas pesadas e trabalho duro desgastavam os cães a cada longo dia.

Llegaron a Dawson delgados, cansados y necesitando más de una semana de descanso.

Eles chegaram a Dawson magros, cansados e precisando de mais de uma semana de descanso.

Pero sólo dos días después, emprendieron nuevamente el descenso por el Yukón.

Mas apenas dois dias depois, eles partiram novamente pelo Yukon.

Estaban cargados con más cartas destinadas al mundo exterior.

Eles estavam carregados com mais cartas destinadas ao mundo exterior.

Los perros estaban exhaustos y los hombres se quejaban constantemente.

Os cães estavam exaustos e os homens reclamavam constantemente.

La nieve caía todos los días, suavizando el camino y ralentizando los trineos.

A neve caía todos os dias, amolecendo a trilha e deixando os trenós mais lentos.

Esto provocó que el tirón fuera más difícil y hubo más resistencia para los corredores.

Isso fazia com que a tração fosse mais difícil e gerasse mais arrasto nos corredores.

A pesar de eso, los pilotos fueron justos y se preocuparon por sus equipos.

Apesar disso, os pilotos foram justos e se preocuparam com suas equipes.

Cada noche, los perros eran alimentados antes de que los hombres pudieran comer.

Todas as noites, os cães eram alimentados antes que os homens pudessem comer.

Ningún hombre duerme sin antes revisar las patas de su propio perro.

Nenhum homem dormiu antes de verificar as patas do seu próprio cachorro.

Aún así, los perros se fueron debilitando a medida que los kilómetros iban desgastando sus cuerpos.

Mesmo assim, os cães ficaram mais fracos à medida que os quilômetros percorridos desgastavam seus corpos.

Habían viajado mil ochocientas millas durante el invierno.

Eles viajaram mil e oitocentos quilômetros durante o inverno.

Tiraron de trineos a lo largo de cada milla de esa brutal distancia.

Eles puxaram trenós por cada quilômetro daquela distância brutal.

Incluso los perros de trineo más resistentes sienten tensión después de tantos kilómetros.

Até mesmo os cães de trenó mais resistentes sentem tensão depois de tantos quilômetros.

Buck aguantó, mantuvo a su equipo trabajando y mantuvo la disciplina.

Buck resistiu, manteve sua equipe trabalhando e manteve a disciplina.

Pero Buck estaba cansado, al igual que los demás en el largo viaje.

Mas Buck estava cansado, assim como os outros na longa jornada.

Billee gemía y lloraba mientras dormía todas las noches sin falta.

Billee choramingava e chorava durante o sono todas as noites, sem exceção.

Joe se volvió aún más amargado y Solleks se mantuvo frío y distante.

Joe ficou ainda mais amargo, e Solleks permaneceu frio e distante.

Pero fue Dave quien sufrió más de todo el equipo.

Mas foi Dave quem sofreu mais de toda a equipe.

Algo había ido mal dentro de él, aunque nadie sabía qué.

Algo deu errado dentro dele, embora ninguém soubesse o quê.

Se volvió más malhumorado y les gritaba a los demás con creciente enojo.

Ele ficou mais mal-humorado e começou a atacar os outros com raiva cada vez maior.

Cada noche iba directo a su nido, esperando ser alimentado.

Todas as noites ele ia direto para o ninho, esperando para ser alimentado.

Una vez que cayó, Dave no se levantó hasta la mañana.

Depois que ele caiu, Dave não se levantou até de manhã.

En las riendas, tirones o arranques repentinos le hacían gritar de dolor.

Nas rédeas, solavancos ou sobressaltos repentinos o faziam gritar de dor.

Su conductor buscó la causa, pero no encontró heridos.

O motorista procurou a causa, mas não encontrou nenhum ferimento nele.

Todos los conductores comenzaron a observar a Dave y discutieron su caso.

Todos os motoristas começaram a observar Dave e discutir seu caso.

Hablaron durante las comidas y durante el último cigarrillo del día.

Eles conversavam durante as refeições e durante o último cigarro do dia.

Una noche tuvieron una reunión y llevaron a Dave al fuego.

Uma noite eles fizeram uma reunião e levaram Dave até a fogueira.

Le apretaron y le palparon el cuerpo, y él gritaba a menudo.

Eles pressionaram e sondaram seu corpo, e ele gritava frequentemente.

Estaba claro que algo iba mal, aunque no parecía haber ningún hueso roto.

Claramente, algo estava errado, embora nenhum osso parecesse quebrado.

Cuando llegaron a Cassiar Bar, Dave se estaba cayendo.

Quando chegaram ao Cassiar Bar, Dave estava caindo.

El mestizo escocés pidió un alto y eliminó a Dave del equipo.

O mestiço escocês deu uma parada e tirou Dave do time.

Sujetó a Solleks en el lugar de Dave, más cerca del frente del trineo.

Ele prendeu Solleks no lugar de Dave, mais próximo da frente do trenó.

Su intención era dejar que Dave descansara y corriera libremente detrás del trineo en movimiento.

Ele queria deixar Dave descansar e correr livremente atrás do trenó em movimento.

Pero incluso estando enfermo, Dave odiaba que lo sacaran del trabajo que había tenido.

Mas mesmo doente, Dave odiava ser tirado do emprego que tinha.

Gruñó y gimió cuando le quitaron las riendas del cuerpo.

Ele rosnou e choramingou quando as rédeas foram puxadas de seu corpo.

Cuando vio a Solleks en su lugar, lloró con el corazón roto.

Quando viu Solleks em seu lugar, ele chorou de dor e de coração partido.

El orgullo por el trabajo en los senderos estaba profundamente arraigado en Dave, incluso cuando se acercaba la muerte.

O orgulho do trabalho nas trilhas estava profundamente enraizado em Dave, mesmo quando a morte se aproximava.

Mientras el trineo se movía, Dave se tambaleaba sobre la nieve blanda cerca del sendero.

Enquanto o trenó se movia, Dave cambaleava pela neve fofa perto da trilha.

Atacó a Solleks, mordiéndolo y empujándolo desde el costado del trineo.

Ele atacou Solleks, mordendo-o e empurrando-o para longe do trenó.

Dave intentó saltar al arnés y recuperar su lugar de trabajo.

Dave tentou pular no arnês e retomar seu lugar de trabalho.

Gritó, se quejó y lloró, dividido entre el dolor y el orgullo por el trabajo.

Ele gritou, choramingou e gemeu, dividido entre a dor e o orgulho do trabalho de parto.

El mestizo usó su látigo para intentar alejar a Dave del equipo.

O mestiço usou seu chicote para tentar afastar Dave do time.

Pero Dave ignoró el látigo y el hombre no pudo golpearlo más fuerte.

Mas Dave ignorou o chicote, e o homem não conseguiu atingi-lo com mais força.

Dave rechazó el camino más fácil detrás del trineo, donde la nieve estaba acumulada.

Dave recusou o caminho mais fácil atrás do trenó, onde a neve estava compactada.

En cambio, luchaba en la nieve profunda junto al sendero, en la miseria.

Em vez disso, ele lutou na neve profunda ao lado da trilha, em sofrimento.

Finalmente, Dave se desplomó, quedó tendido en la nieve y aullando de dolor.

Por fim, Dave desabou, ficando deitado na neve e gritando de dor.

Gritó cuando el largo tren de trineos pasó a su lado uno por uno.

Ele gritou quando o longo trem de trenós passou por ele, um por um.

Aún con las fuerzas que le quedaban, se levantó y tropezó tras ellos.

Mesmo assim, com as poucas forças que lhe restavam, ele se levantou e cambaleou atrás deles.

Lo alcanzó cuando el tren se detuvo nuevamente y encontró su viejo trineo.

Ele o alcançou quando o trem parou novamente e encontrou seu velho trenó.

Pasó junto a los otros equipos y se quedó de nuevo al lado de Solleks.

Ele passou cambaleando pelos outros times e ficou ao lado de Solleks novamente.

Cuando el conductor se detuvo para encender su pipa, Dave aprovechó su última oportunidad.

Quando o motorista parou para acender seu cachimbo, Dave aproveitou sua última chance.

Cuando el conductor regresó y gritó, el equipo no avanzó.

Quando o motorista retornou e gritou, a equipe não avançou.

Los perros habían girado la cabeza, confundidos por la parada repentina.

Os cães viraram a cabeça, confusos com a parada repentina.

El conductor también estaba sorprendido: el trineo no se había movido ni un centímetro hacia adelante.

O motorista também ficou chocado: o trenó não se moveu um centímetro para frente.

Llamó a los demás para que vinieran a ver qué había sucedido.

Ele chamou os outros para virem ver o que tinha acontecido.

Dave había mordido las riendas de Solleks, rompiéndolas ambas.

Dave mastigou as rédeas de Solleks, quebrando ambas.

Ahora estaba de pie frente al trineo, nuevamente en su posición correcta.

Agora ele estava em frente ao trenó, de volta à sua posição correta.

Dave miró al conductor y le rogó en silencio que se mantuviera en el carril.

Dave olhou para o motorista, implorando silenciosamente para que ele permanecesse na pista.

El conductor estaba desconcertado, sin saber qué hacer con el perro que luchaba.

O motorista ficou confuso, sem saber o que fazer com o cachorro que estava sofrendo.

Los otros hombres hablaron de perros que habían muerto al ser sacados a la calle.

Os outros homens falaram de cães que morreram por terem sido levados para passear.

Contaron sobre perros viejos o heridos cuyo corazón se rompió al ser abandonados.

Eles contaram sobre cães velhos ou feridos cujos corações se partiram quando deixados para trás.

Estuvieron de acuerdo en que era una misericordia dejar que Dave muriera mientras aún estaba en su arnés.

Eles concordaram que seria uma misericórdia deixar Dave morrer enquanto ele ainda estava usando seu cinto.

Lo volvieron a sujetar al trineo y Dave tiró con orgullo.

Ele foi preso novamente ao trenó, e Dave puxou com orgulho.

Aunque a veces gritaba, trabajaba como si el dolor pudiera ignorarse.

Embora ele gritasse às vezes, ele trabalhava como se a dor pudesse ser ignorada.

Más de una vez se cayó y fue arrastrado antes de levantarse de nuevo.

Mais de uma vez ele caiu e foi arrastado antes de se levantar novamente.

Un día, el trineo pasó por encima de él y desde ese momento empezó a cojear.

Certa vez, o trenó passou por cima dele, e ele mancou a partir daquele momento.

Aún así, trabajó hasta llegar al campamento y luego se acostó junto al fuego.

Mesmo assim, ele trabalhou até chegar ao acampamento e então ficou deitado perto do fogo.

Por la mañana, Dave estaba demasiado débil para viajar o incluso mantenerse en pie.

Pela manhã, Dave estava fraco demais para andar ou mesmo ficar em pé.

En el momento de preparar el arnés, intentó alcanzar a su conductor con un esfuerzo tembloroso.

Na hora de arrear, ele tentou alcançar seu motorista com esforço trêmulo.

Se obligó a levantarse, se tambaleó y se desplomó sobre el suelo nevado.

Ele se forçou a levantar, cambaleou e caiu no chão nevado.

Utilizando sus patas delanteras, arrastró su cuerpo hacia el área del arnés.

Usando as patas dianteiras, ele arrastou o corpo em direção à área de arreios.

Avanzó poco a poco, centímetro a centímetro, hacia los perros de trabajo.

Ele avançou, centímetro por centímetro, em direção aos cães de trabalho.

Sus fuerzas se acabaron, pero siguió avanzando en su último y desesperado esfuerzo.

Suas forças acabaram, mas ele continuou se movendo em seu último esforço desesperado.

Sus compañeros de equipo lo vieron jadeando en la nieve, todavía deseando unirse a ellos.

Seus companheiros de equipe o viram ofegante na neve, ainda ansioso para se juntar a eles.

Lo oyeron aullar de dolor mientras dejaban atrás el campamento.

Eles o ouviram uivando de tristeza enquanto deixavam o acampamento para trás.

Cuando el equipo desapareció entre los árboles, el grito de Dave resonó detrás de ellos.

Enquanto a equipe desaparecia nas árvores, o grito de Dave ecoou atrás deles.

El tren de trineos se detuvo brevemente después de cruzar un tramo de bosque junto al río.

O trem de trenó parou brevemente depois de cruzar um trecho de matagal perto do rio.

El mestizo escocés caminó lentamente de regreso hacia el campamento que estaba detrás.

O mestiço escocês caminhou lentamente de volta para o acampamento atrás.

Los hombres dejaron de hablar cuando lo vieron salir del tren de trineos.

Os homens pararam de falar quando o viram sair do trem de trenó.

Entonces un único disparo se oyó claro y nítido en el camino.

Então, um único tiro ecoou claro e agudo pela trilha.

El hombre regresó rápidamente y ocupó su lugar sin decir palabra.

O homem retornou rapidamente e assumiu seu lugar sem dizer uma palavra.

Los látigos crujieron, las campanas tintinearon y los trineos rodaron por la nieve.

Chicotes estalavam, sinos tilintavam e os trenós rolavam pela neve.

Pero Buck sabía lo que había sucedido... y todos los demás perros también.

Mas Buck sabia o que tinha acontecido — e todos os outros cães também.

El trabajo de las riendas y el sendero
O Trabalho das Rédeas e da Trilha

Treinta días después de salir de Dawson, el Salt Water Mail llegó a Skaguay.

Trinta dias depois de deixar Dawson, o Salt Water Mail chegou a Skaguay.

Buck y sus compañeros tomaron la delantera, llegando en lamentables condiciones.

Buck e seus companheiros assumiram a liderança, chegando em condições lamentáveis.

Buck había bajado de ciento cuarenta a ciento quince libras.

Buck havia caído de cento e quarenta para cento e quinze libras.

Los otros perros, aunque más pequeños, habían perdido aún más peso corporal.

Os outros cães, embora menores, perderam ainda mais peso corporal.

Pike, que antes fingía cojear, ahora arrastraba tras él una pierna realmente herida.

Pike, que antes era um falso manco, agora arrastava uma perna realmente machucada atrás de si.

Solleks cojeaba mucho y Dub tenía un omóplato torcido.

Solleks estava mancando muito, e Dub tinha uma escápula deslocada.

Todos los perros del equipo tenían las patas doloridas por las semanas que pasaron en el sendero helado.

Todos os cães da equipe estavam com dores nas patas devido às semanas na trilha congelada.

Ya no tenían resorte en sus pasos, sólo un movimiento lento y arrastrado.

Eles não tinham mais elasticidade em seus passos, apenas um movimento lento e arrastado.

Sus pies golpeaban el sendero con fuerza y cada paso añadía más tensión a sus cuerpos.

Seus pés batiam forte na trilha, e cada passo acrescentava mais tensão aos seus corpos.

No estaban enfermos, sólo agotados más allá de toda recuperación natural.

Eles não estavam doentes, apenas esgotados além de qualquer recuperação natural.

No era el cansancio de un día duro que se curaba con una noche de descanso.

Não era cansaço de um dia duro, curado com uma noite de descanso.

Fue un agotamiento acumulado lentamente a lo largo de meses de esfuerzo agotador.

Era uma exaustão construída lentamente ao longo de meses de esforço extenuante.

No quedaban reservas de fuerza: habían agotado todas las que tenían.

Não havia mais nenhuma força de reserva, eles já tinham esgotado tudo o que tinham.

Cada músculo, fibra y célula de sus cuerpos estaba gastado y desgastado.

Cada músculo, fibra e célula em seus corpos estava gasto e desgastado.

Y había una razón: habían recorrido dos mil quinientas millas.

E havia uma razão: eles percorreram mais de 4.000 quilômetros.

Habían descansado sólo cinco días durante las últimas mil ochocientas millas.

Eles descansaram apenas cinco dias durante os últimos mil e oitocentos quilômetros.

Cuando llegaron a Skaguay, parecían apenas capaces de mantenerse en pie.

Quando chegaram a Skaguay, eles mal conseguiam ficar de pé.

Se esforzaron por mantener las riendas tensas y permanecer delante del trineo.

Eles lutaram para manter as rédeas firmes e ficar à frente do trenó.

En las bajadas sólo lograron evitar ser atropellados.

Nas descidas, eles só conseguiram evitar serem atropelados.

"Sigan adelante, pobres pies doloridos", dijo el conductor mientras cojeaban.

"Marchem, pobres pés doloridos", disse o motorista enquanto eles mancavam.

"Este es el último tramo, luego todos tendremos un largo descanso, seguro".

"Este é o último trecho, depois todos nós teremos um longo descanso, com certeza."

"Un descanso verdaderamente largo", prometió mientras los observaba tambalearse hacia adelante.

"Um descanso realmente longo", ele prometeu, observando-os cambalear para a frente.

Los conductores esperaban que ahora tuvieran un descanso largo y necesario.

Os pilotos esperavam que agora teriam uma longa e necessária pausa.

Habían recorrido mil doscientas millas con sólo dos días de descanso.

Eles viajaram mil e duzentos quilômetros com apenas dois dias de descanso.

Por justicia y razón, sintieron que se habían ganado tiempo para relajarse.

Por justiça e razão, eles sentiram que ganharam tempo para relaxar.

Pero eran demasiados los que habían llegado al Klondike y muy pocos los que se habían quedado en casa.

Mas muitos foram ao Klondike e poucos ficaram em casa.

Las cartas de las familias llegaron en masa, creando montañas de correo retrasado.

Cartas de famílias chegavam em massa, criando pilhas de correspondências atrasadas.

Llegaron órdenes oficiales: nuevos perros de la Bahía de Hudson tomarían el control.

Ordens oficiais chegaram: novos cães da Baía de Hudson iriam assumir o controle.

Los perros exhaustos, ahora llamados inútiles, debían ser eliminados.

Os cães exaustos, agora considerados inúteis, deveriam ser descartados.

Como el dinero importaba más que los perros, los iban a vender a bajo precio.

Como o dinheiro importava mais que os cães, eles seriam vendidos por um preço baixo.

Pasaron tres días más antes de que los perros sintieran lo débiles que estaban.

Mais três dias se passaram antes que os cães percebessem o quão fracos estavam.

En la cuarta mañana, dos hombres de Estados Unidos compraron todo el equipo.

Na quarta manhã, dois homens dos Estados Unidos compraram o time inteiro.

La venta incluía todos los perros, además de sus arneses usados.

A venda incluiu todos os cães, além de seus arreios usados.

Los hombres se llamaban entre sí "Hal" y "Charles" mientras completaban el trato.

Os homens se chamavam de "Hal" e "Charles" enquanto concluíam o negócio.

Charles era un hombre de mediana edad, pálido, con labios flácidos y puntas de bigote feroces.

Charles era um homem de meia-idade, pálido, com lábios flácidos e pontas de bigode bem marcadas.

Hal era un hombre joven, de unos diecinueve años, que llevaba un cinturón lleno de cartuchos.

Hal era um rapaz, talvez dezenove anos, que usava um cinto cheio de cartuchos.

El cinturón contenía un gran revólver y un cuchillo de caza, ambos sin usar.

O cinto continha um grande revólver e uma faca de caça, ambos sem uso.

Esto demostró lo inexperto e inadecuado que era para la vida en el norte.

Isso mostrou o quão inexperiente e inadequado ele era para a vida no norte.

Ninguno de los dos pertenecía a la naturaleza; su presencia desafiaba toda razón.

Nenhum dos dois homens pertencia à natureza; suas presenças desafiavam toda a razão.

Buck observó cómo el dinero intercambiaba manos entre el comprador y el agente.

Buck observou o dinheiro sendo trocado entre o comprador e o agente.

Sabía que los conductores de trenes correos abandonaban su vida como el resto.

Ele sabia que os maquinistas do trem postal estavam abandonando sua vida, assim como os demais.

Siguieron a Perrault y a François, ahora desaparecidos sin posibilidad de recuperación.

Eles seguiram Perrault e François, agora desaparecidos e irrecuperáveis.

Buck y el equipo fueron conducidos al descuidado campamento de sus nuevos dueños.

Buck e a equipe foram levados ao acampamento desleixado de seus novos donos.

La tienda se hundía, los platos estaban sucios y todo estaba desordenado.

A barraca estava afundada, os pratos estavam sujos e tudo estava em desordem.

Buck también notó que había una mujer allí: Mercedes, la esposa de Charles y hermana de Hal.

Buck também notou uma mulher ali — Mercedes, esposa de Charles e irmã de Hal.

Formaban una familia completa, aunque no eran aptos para el recorrido.

Eles formavam uma família completa, embora nada adequados à trilha.

Buck observó nervioso cómo el trío comenzó a empacar los suministros.

Buck observou nervosamente o trio começar a embalar os suprimentos.

Trabajaron duro, pero sin orden: sólo alboroto y esfuerzos desperdiciados.

Eles trabalharam duro, mas sem ordem — apenas confusão e esforço desperdiçado.

La tienda estaba enrollada hasta formar un volumen demasiado grande para el trineo.

A barraca foi enrolada em um formato volumoso, grande demais para o trenó.

Los platos sucios se empaquetaron sin limpiarlos ni secarlos.

Pratos sujos foram embalados sem serem limpos ou secos.

Mercedes revoloteaba por todos lados, hablando, corrigiendo y entrometiéndose constantemente.

Mercedes andava por aí, falando, corrigindo e se intrometendo constantemente.

Cuando le ponían un saco en el frente, ella insistía en que lo pusieran en la parte de atrás.

Quando um saco era colocado na frente, ela insistia que ele fosse colocado atrás.

Metió la bolsa en el fondo y al siguiente momento la necesitó.

Ela colocou o saco no fundo e no momento seguinte ela precisou dele.

De esta manera, el trineo fue desempaquetado nuevamente para alcanzar la bolsa específica.

Então o trenó foi desempacotado novamente para chegar àquela bolsa específica.

Cerca de allí, tres hombres estaban parados afuera de una tienda de campaña, observando cómo se desarrollaba la escena.

Perto dali, três homens estavam do lado de fora de uma barraca, observando a cena se desenrolar.

Sonrieron, guiñaron el ojo y sonrieron ante la evidente confusión de los recién llegados.

Eles sorriram, piscaram e riram da confusão óbvia dos recém-chegados.

"Ya tienes una carga bastante pesada", dijo uno de los hombres.

"Você já tem uma carga bem pesada", disse um dos homens.

"No creo que debas llevar esa tienda de campaña, pero es tu elección".

"Não acho que você deva carregar essa barraca, mas a escolha é sua."

"¡Inimaginable!", exclamó Mercedes levantando las manos con desesperación.

"Inimaginável!" gritou Mercedes, erguendo as mãos em desespero.

"¿Cómo podría viajar sin una tienda de campaña donde refugiarme?"

"Como eu poderia viajar sem uma barraca para ficar?"

"Es primavera, ya no volverás a ver el frío", respondió el hombre.

"É primavera — você não verá mais frio", respondeu o homem.

Pero ella meneó la cabeza y ellos siguieron apilando objetos en el trineo.

Mas ela balançou a cabeça, e eles continuaram empilhando itens no trenó.

La carga se elevó peligrosamente a medida que añadían los últimos elementos.

A carga subiu perigosamente enquanto eles adicionavam as coisas finais.

"¿Crees que el trineo se deslizará?" preguntó uno de los hombres con mirada escéptica.

"Você acha que o trenó vai andar?" perguntou um dos homens com um olhar cético.

"¿Por qué no debería?", replicó Charles con gran fastidio.

"Por que não?", Charles retrucou com grande irritação.

—Está bien —dijo rápidamente el hombre, alejándose un poco de la ofensa.

"Ah, está tudo bem", disse o homem rapidamente, afastando-se da ofensa.

"Solo me preguntaba, me pareció que tenía la parte superior demasiado pesada".

"Eu só estava pensando — pareceu um pouco pesado demais para mim."

Charles se dio la vuelta y ató la carga lo mejor que pudo.

Charles se virou e amarrou a carga da melhor maneira que pôde.

Pero las ataduras estaban sueltas y el embalaje en general estaba mal hecho.

Mas as amarrações estavam frouxas e a embalagem, no geral, estava mal feita.

"Claro, los perros tirarán de eso todo el día", dijo otro hombre con sarcasmo.

"Claro, os cães vão fazer isso o dia todo", disse outro homem sarcasticamente.

—Por supuesto —respondió Hal con frialdad, agarrando el largo palo del trineo.

"Claro", respondeu Hal friamente, agarrando o longo mastro do trenó.

Con una mano en el poste, blandía el látigo con la otra.

Com uma mão no mastro, ele balançava o chicote na outra.

"¡Vamos!", gritó. "¡Muévanse!", instando a los perros a empezar.

"Vamos!", gritou ele. "Andem logo!", incitando os cães a se mexerem.

Los perros se inclinaron hacia el arnés y se tensaron durante unos instantes.

Os cães se inclinaram no arreio e se esforçaram por alguns momentos.

Entonces se detuvieron, incapaces de mover ni un centímetro el trineo sobrecargado.

Então eles pararam, incapazes de mover o trenó sobrecarregado um centímetro sequer.

—¡Esos brutos perezosos! —gritó Hal, levantando el látigo para golpearlos.

"Que brutos preguiçosos!" Hal gritou, levantando o chicote para atacá-los.

Pero Mercedes entró corriendo y le arrebató el látigo de las manos a Hal.

Mas Mercedes correu e pegou o chicote das mãos de Hal.

—Oh, Hal, no te atrevas a hacerles daño —gritó alarmada.

"Oh, Hal, não ouse machucá-los", ela gritou alarmada.

"Prométeme que serás amable con ellos o no daré un paso más".

"Prometa-me que será gentil com eles, ou não darei mais nenhum passo."

—No sabes nada de perros —le espetó Hal a su hermana.

"Você não sabe nada sobre cachorros", Hal retrucou para sua irmã.

"Son perezosos y la única forma de moverlos es azotándolos".

"Eles são preguiçosos, e a única maneira de movê-los é chicoteá-los."

"Pregúntale a cualquiera, pregúntale a uno de esos hombres de allí si dudas de mí".

"Pergunte a qualquer um — pergunte a um daqueles homens ali se você duvida de mim."

Mercedes miró a los espectadores con ojos suplicantes y llorosos.

Mercedes olhou para os espectadores com olhos suplicantes e lacrimejantes.

Su rostro mostraba lo profundamente que odiaba ver cualquier dolor.

Seu rosto mostrava o quanto ela odiava a visão de qualquer dor.

"Están débiles, eso es todo", dijo un hombre. "Están agotados".

"Eles estão fracos, só isso", disse um homem. "Estão exaustos."

"Necesitan descansar, han trabajado demasiado tiempo sin descansar".

"Eles precisam de descanso, pois trabalharam muito tempo sem fazer uma pausa."

—Maldito sea el resto —murmuró Hal con el labio curvado.

"Que o resto seja amaldiçoado", Hal murmurou com o lábio curvado.

Mercedes jadeó, visiblemente dolida por la grosera palabra que pronunció.

Mercedes engasgou, claramente magoada com a palavra grosseira dele.

Aún así, ella se mantuvo leal y defendió instantáneamente a su hermano.

Mesmo assim, ela permaneceu leal e defendeu seu irmão instantaneamente.

—No le hagas caso a ese hombre —le dijo a Hal—. Son nuestros perros.

"Não ligue para aquele homem", disse ela a Hal. "Eles são nossos cachorros."

"Los conduces como mejor te parezca, haz lo que creas correcto".

"Você os dirige como achar melhor — faça o que achar certo."

Hal levantó el látigo y volvió a golpear a los perros sin piedad.

Hal levantou o chicote e golpeou os cães novamente sem piedade.

Se lanzaron hacia adelante, con el cuerpo agachado y los pies hundidos en la nieve.

Eles avançaram, com os corpos abaixados e os pés fincados na neve.

Ponían toda su fuerza en tirar, pero el trineo no se movía.

Toda a força deles foi direcionada para puxar, mas o trenó não se movia.

El trineo quedó atascado, como un ancla congelada en la nieve compacta.

O trenó ficou preso, como uma âncora congelada na neve compactada.

Tras un segundo esfuerzo, los perros se detuvieron de nuevo, jadeando con fuerza.

Após uma segunda tentativa, os cães pararam novamente, ofegando intensamente.

Hal levantó el látigo una vez más, justo cuando Mercedes interfirió nuevamente.

Hal levantou o chicote mais uma vez, no momento em que Mercedes interferiu novamente.

Ella cayó de rodillas frente a Buck y abrazó su cuello.

Ela caiu de joelhos na frente de Buck e abraçou seu pescoço.

Las lágrimas llenaron sus ojos mientras le suplicaba al perro exhausto.

Lágrimas encheram seus olhos enquanto ela implorava ao cachorro exausto.

"Pobres queridos", dijo, "¿por qué no tiran más fuerte?"

"Coitados", ela disse, "por que vocês não puxam com mais força?"

"Si tiras, no te azotarán así".

"Se você puxar, não será chicoteado desse jeito."

A Buck no le gustaba Mercedes, pero estaba demasiado cansado para resistirse a ella ahora.

Buck não gostava de Mercedes, mas estava cansado demais para resistir a ela agora.

Él aceptó sus lágrimas como una parte más de ese día miserable.

Ele aceitou as lágrimas dela como apenas mais uma parte daquele dia miserável.

Uno de los hombres que observaban finalmente habló después de contener su ira.

Um dos homens que assistiam finalmente falou depois de conter sua raiva.

"No me importa lo que les pase a ustedes, pero esos perros importan".

"Não me importa o que aconteça com vocês, mas esses cães são importantes."

"Si quieres ayudar, suelta ese trineo: está congelado hasta la nieve".

"Se você quiser ajudar, solte esse trenó, ele está congelado na neve."

"Presiona con fuerza el polo G, derecha e izquierda, y rompe el sello de hielo".

"Empurre o mastro com força, para a direita e para a esquerda, e quebre a camada de gelo."

Se hizo un tercer intento, esta vez siguiendo la sugerencia del hombre.

Uma terceira tentativa foi feita, desta vez seguindo a sugestão do homem.

Hal balanceó el trineo de un lado a otro, soltando los patines.

Hal balançou o trenó de um lado para o outro, soltando os patins.

El trineo, aunque sobrecargado y torpe, finalmente avanzó con dificultad.

O trenó, embora sobrecarregado e desajeitado, finalmente deu um solavanco para a frente.

Buck y los demás tiraron salvajemente, impulsados por una tormenta de latigazos.

Buck e os outros puxavam descontroladamente, impulsionados por uma tempestade de chicotadas.

Cien metros más adelante, el sendero se curvaba y descendía hacia la calle.

Cem metros à frente, a trilha fazia uma curva e descia até a rua.

Se hubiera necesitado un conductor habilidoso para mantener el trineo en posición vertical.

Seria necessário um motorista habilidoso para manter o trenó na posição vertical.

Hal no era hábil y el trineo se volcó al girar en la curva.

Hal não era habilidoso, e o trenó tombou ao fazer a curva.

Las ataduras sueltas cedieron y la mitad de la carga se derramó sobre la nieve.

As amarras frouxas cederam e metade da carga caiu na neve.

Los perros no se detuvieron; el trineo, más ligero, siguió volando de lado.

Os cães não pararam; o trenó mais leve voou de lado.

Enojados por el abuso y la pesada carga, los perros corrieron más rápido.

Irritados com os abusos e o fardo pesado, os cães correram mais rápido.

Buck, furioso, echó a correr, con el equipo siguiéndolo detrás.

Buck, furioso, começou a correr, com a equipe seguindo atrás.

Hal gritó "¡Guau! ¡Guau!", pero el equipo no le hizo caso.

Hal gritou "Uau! Uau!", mas a equipe não lhe deu atenção.

Tropezó, cayó y fue arrastrado por el suelo por el arnés.

Ele tropeçou, caiu e foi arrastado pelo chão pelo arnês.

El trineo volcado saltó sobre él mientras los perros corrían delante.

O trenó virado passou por cima dele enquanto os cães corriam na frente.

El resto de los suministros se dispersaron por la concurrida calle de Skaguay.

O restante dos suprimentos foi espalhado pela movimentada rua de Skaguay.

La gente bondadosa se apresuró a detener a los perros y recoger el equipo.

Pessoas bondosas correram para parar os cães e recolher os equipamentos.

También dieron consejos, contundentes y prácticos, a los nuevos viajeros.

Eles também deram conselhos diretos e práticos aos novos viajantes.

"Si quieres llegar a Dawson, lleva la mitad de la carga y el doble de perros".

"Se você quiser chegar a Dawson, leve metade da carga e o dobro dos cães."

Hal, Charles y Mercedes escucharon, aunque no con entusiasmo.

Hal, Charles e Mercedes ouviram, embora não com entusiasmo.

Instalaron su tienda de campaña y comenzaron a clasificar sus suministros.

Eles montaram suas barracas e começaram a separar seus suprimentos.

Salieron alimentos enlatados, lo que hizo reír a carcajadas a los espectadores.

Saíram alimentos enlatados, o que fez os espectadores rirem alto.

"¿Enlatado en el camino? Te morirás de hambre antes de que se derrita", dijo uno.

"Enlatados na trilha? Você vai morrer de fome antes que derreta", disse um deles.

¿Mantas de hotel? Mejor tíralas todas.

"Cobertores de hotel? É melhor jogar tudo fora."

"Si también deshazte de la tienda de campaña, aquí nadie lava los platos".

"Tirem a barraca também, e ninguém lava louça aqui."

¿Crees que estás viajando en un tren Pullman con sirvientes a bordo?

"Você acha que está viajando em um trem Pullman com empregados a bordo?"

El proceso comenzó: todos los objetos inútiles fueron arrojados a un lado.

O processo começou: todos os itens inúteis foram jogados de lado.

Mercedes lloró cuando sus maletas fueron vaciadas en el suelo nevado.

Mercedes chorou quando suas malas foram esvaziadas no chão coberto de neve.

Ella sollozaba por cada objeto que tiraba, uno por uno, sin pausa.

Ela soluçava por cada item jogado fora, um por um, sem parar.

Ella juró no dar un paso más, ni siquiera por diez Charleses.

Ela jurou não dar mais um passo — nem mesmo por dez Charleses.

Ella le rogó a cada persona cercana que le permitiera conservar sus cosas preciosas.

Ela implorou a cada pessoa próxima que a deixasse ficar com suas coisas preciosas.

Por último, se secó los ojos y comenzó a arrojar incluso la ropa más importante.

Por fim, ela enxugou os olhos e começou a jogar fora até as roupas vitais.

Cuando terminó con los suyos, comenzó a vaciar los suministros de los hombres.

Quando terminou de lavar as suas roupas, ela começou a esvaziar os suprimentos dos homens.

Como un torbellino, destrozó las pertenencias de Charles y Hal.

Como um redemoinho, ela destruiu os pertences de Charles e Hal.

Aunque la carga se redujo a la mitad, todavía era mucho más pesada de lo necesario.

Embora a carga tenha sido reduzida pela metade, ela ainda era muito mais pesada do que o necessário.

Esa noche, Charles y Hal salieron y compraron seis perros nuevos.

Naquela noite, Charles e Hal saíram e compraram seis novos cães.

Estos nuevos perros se unieron a los seis originales, además de Teek y Koona.

Esses novos cães se juntaram aos seis originais, além de Teek e Koona.

Juntos formaron un equipo de catorce perros enganchados al trineo.

Juntos, eles formaram uma equipe de quatorze cães atrelados ao trenó.

Pero los nuevos perros no eran aptos y estaban mal entrenados para el trabajo con trineos.

Mas os novos cães eram inadequados e mal treinados para o trabalho de trenó.

Tres de los perros eran pointers de pelo corto y uno era un Terranova.

Três dos cães eram pointers de pelo curto, e um era um Terra-Nova.

Los dos últimos perros eran mestizos, sin ninguna raza ni propósito claros.

Os dois últimos cães eram vira-latas, sem raça ou propósito claro.

No entendieron el camino y no lo aprendieron rápidamente.

Eles não entendiam a trilha e não a aprenderam rapidamente.

Buck y sus compañeros los miraron con desprecio y profunda irritación.

Buck e seus companheiros os observavam com desprezo e profunda irritação.

Aunque Buck les enseñó lo que no debían hacer, no podía enseñarles cuál era el deber.

Embora Buck lhes tenha ensinado o que não fazer, ele não conseguiu ensinar o que é dever.

No se adaptaron bien a la vida en senderos ni al tirón de las riendas y los trineos.

Eles não se adaptaram bem à vida nas trilhas nem à tração de rédeas e trenós.

Sólo los mestizos intentaron adaptarse, e incluso a ellos les faltó espíritu de lucha.

Somente os vira-latas tentaram se adaptar, e mesmo eles não tinham espírito de luta.

Los demás perros estaban confundidos, debilitados y destrozados por su nueva vida.

Os outros cães estavam confusos, enfraquecidos e destruídos pela nova vida.

Con los nuevos perros desorientados y los viejos exhaustos, la esperanza era escasa.

Com os novos cães sem noção e os antigos exaustos, a esperança era tênue.

El equipo de Buck había recorrido dos mil quinientas millas de senderos difíciles.

A equipe de Buck percorreu mais de 4.000 quilômetros de trilhas acidentadas.

Aún así, los dos hombres estaban alegres y orgullosos de su gran equipo de perros.

Ainda assim, os dois homens estavam alegres e orgulhosos de sua grande equipe de cães.

Creían que viajaban con estilo, con catorce perros enganchados.

Eles achavam que estavam viajando com estilo, com quatorze cachorros atrelados.

Habían visto trineos partir hacia Dawson y otros llegar desde allí.

Eles viram trenós partindo para Dawson e outros chegando de lá.

Pero nunca habían visto uno tirado por tantos catorce perros.

Mas nunca tinham visto um puxado por mais de quatorze cães.

Había una razón por la que equipos como ese eran raros en el desierto del Ártico.

Havia uma razão pela qual essas equipes eram raras na natureza selvagem do Ártico.

Ningún trineo podría transportar suficiente comida para alimentar a catorce perros durante el viaje.

Nenhum trenó conseguia transportar comida suficiente para alimentar quatorze cães durante a viagem.

Pero Charles y Hal no lo sabían: habían hecho los cálculos.

Mas Charles e Hal não sabiam disso — eles tinham feito as contas.

Planificaron la comida: tanta cantidad por perro, tantos días, y listo.

Eles planejaram a comida. uma quantidade por cão, para muitos dias, e pronto.

Mercedes miró sus figuras y asintió como si tuviera sentido.

Mercedes olhou para as figuras e assentiu como se fizesse sentido.

Todo le parecía muy sencillo, al menos en el papel.

Tudo parecia muito simples para ela, pelo menos no papel.

A la mañana siguiente, Buck guió al equipo lentamente por la calle nevada.

Na manhã seguinte, Buck liderou a equipe lentamente pela rua coberta de neve.

No había energía ni espíritu en él ni en los perros detrás de él.

Não havia energia nem ânimo nele nem nos cães atrás dele.

Estaban muertos de cansancio desde el principio: no les quedaban reservas.

Eles estavam mortos de cansaço desde o início: não havia mais nenhuma reserva.

Buck ya había hecho cuatro viajes entre Salt Water y Dawson.

Buck já havia feito quatro viagens entre Salt Water e Dawson.

Ahora, enfrentado nuevamente el mismo desafío, no sentía nada más que amargura.

Agora, diante da mesma trilha novamente, ele não sentia nada além de amargura.

Su corazón no estaba en ello, ni tampoco el corazón de los otros perros.

O coração dele não estava nisso, nem o dos outros cães.

Los nuevos perros eran tímidos y los huskies carecían de confianza.

Os novos cães eram tímidos, e os huskies não demonstravam nenhuma confiança.

Buck sintió que no podía confiar en estos dos hombres ni en su hermana.

Buck sentiu que não podia confiar nesses dois homens ou na irmã deles.

No sabían nada y no mostraron señales de aprender en el camino.

Eles não sabiam de nada e não mostraram sinais de aprendizado na trilha.

Estaban desorganizados y carecían de cualquier sentido de disciplina.

Eles eram desorganizados e não tinham nenhum senso de disciplina.

Les tomó media noche montar un campamento descuidado cada vez.

Eles levavam metade da noite para montar um acampamento desleixado em cada uma delas.

Y la mitad de la mañana siguiente la pasaron otra vez jugueteando con el trineo.

E eles passaram metade da manhã seguinte mexendo no trenó novamente.

Al mediodía, a menudo se detenían simplemente para arreglar la carga desigual.

Ao meio-dia, eles geralmente paravam apenas para consertar a carga irregular.

Algunos días, viajaron menos de diez millas en total.

Em alguns dias, eles viajaram menos de dezesseis quilômetros no total.

Otros días ni siquiera conseguían salir del campamento.

Em outros dias, eles não conseguiam sair do acampamento.

Nunca llegaron a cubrir la distancia alimentaria planificada.

Eles nunca chegaram perto de cobrir a distância planejada para levar comida.

Como era de esperar, muy rápidamente se quedaron sin comida para los perros.

Como esperado, eles ficaram sem comida para os cães muito rapidamente.

Empeoró las cosas sobrealimentándolos en los primeros días.

Eles pioraram a situação ao superalimentar nos primeiros dias.

Esto acercaba la hambruna con cada ración descuidada.

Isso fazia com que a fome se aproximasse a cada ração descuidada.

Los nuevos perros no habían aprendido a sobrevivir con muy poco.

Os novos cães não aprenderam a sobreviver com muito pouco.

Comieron con hambre, con apetitos demasiado grandes para el camino.

Eles comeram com fome, com apetites grandes demais para a trilha.

Al ver que los perros se debilitaban, Hal creyó que la comida no era suficiente.

Vendo os cães enfraquecerem, Hal acreditou que a comida não era suficiente.

Duplicó las raciones, empeorando aún más el error.

Ele dobrou as rações, piorando ainda mais o erro.

Mercedes añadió más problemas con lágrimas y suaves súplicas.

Mercedes agravou o problema com lágrimas e súplicas suaves.

Cuando no pudo convencer a Hal, alimentó a los perros en secreto.

Quando ela não conseguiu convencer Hal, ela alimentou os cães em segredo.

Ella robó de los sacos de pescado y se lo dio a sus espaldas.

Ela roubou alguns sacos de peixe e deu para eles pelas costas dele.

Pero lo que los perros realmente necesitaban no era más comida: era descanso.

Mas o que os cães realmente precisavam não era de mais comida, era de descanso.

Iban a poca velocidad, pero el pesado trineo aún seguía avanzando.

Eles estavam avançando muito rápido, mas o pesado trenó ainda se arrastava.

Ese peso solo les quitaba las fuerzas que les quedaban cada día.

Esse peso por si só drenava as forças que restavam a cada dia.

Luego vino la etapa de desalimentación ya que los suministros escasearon.

Depois veio a fase da subalimentação, pois os suprimentos estavam acabando.

Una mañana, Hal se dio cuenta de que la mitad de la comida para perros ya había desaparecido.

Hal percebeu uma manhã que metade da comida do cachorro já tinha acabado.

Sólo habían recorrido una cuarta parte de la distancia total del recorrido.

Eles percorreram apenas um quarto da distância total da trilha.

No se podía comprar más comida por ningún precio que se ofreciera.

Não era mais possível comprar comida, não importava o preço oferecido.

Redujo las raciones de los perros por debajo de la ración diaria estándar.

Ele reduziu as porções dos cães abaixo da ração diária padrão.

Al mismo tiempo, exigió viajes más largos para compensar las pérdidas.

Ao mesmo tempo, ele exigiu viagens mais longas para compensar a perda.

Mercedes y Carlos apoyaron este plan, pero fracasaron en su ejecución.

Mercedes e Charles apoiaram o plano, mas falharam na execução.

Su pesado trineo y su falta de habilidad hicieron que el avance fuera casi imposible.

O trenó pesado e a falta de habilidade tornavam o progresso quase impossível.

Era fácil dar menos comida, pero imposible forzar más esfuerzo.

Era fácil dar menos comida, mas impossível forçar mais esforço.

No podían salir temprano ni tampoco viajar horas extras.

Eles não podiam começar cedo, nem viajar por horas extras.

No sabían cómo trabajar con los perros, ni tampoco ellos mismos.

Eles não sabiam como lidar com os cães, nem com eles mesmos.

El primer perro que murió fue Dub, el desafortunado pero trabajador ladrón.

O primeiro cachorro a morrer foi Dub, o ladrão azarado, mas trabalhador.

Aunque a menudo lo castigaban, Dub había hecho su parte sin quejarse.

Embora frequentemente punido, Dub fez sua parte sem reclamar.

Su hombro lesionado empeoró sin cuidados ni necesidad de descanso.

Seu ombro machucado piorou sem cuidados ou necessidade de descanso.

Finalmente, Hal usó el revólver para acabar con el sufrimiento de Dub.

Por fim, Hal usou o revólver para acabar com o sofrimento de Dub.

Un dicho común afirma que los perros normales mueren con raciones para perros esquimales.

Um ditado comum afirma que cães normais morrem com rações de huskies.

Los seis nuevos compañeros de Buck tenían sólo la mitad de la porción de comida del husky.

Os seis novos companheiros de Buck tinham apenas metade da comida do husky.

Primero murió el Terranova y después los tres bracos de pelo corto.

O Terra Nova morreu primeiro, depois os três pointers de pelo curto.

Los dos mestizos resistieron más tiempo pero finalmente perecieron como el resto.

Os dois vira-latas resistiram mais, mas finalmente pereceram como os demais.

Para entonces, todas las comodidades y la dulzura de Southland habían desaparecido.

Nessa época, todas as comodidades e gentilezas do Southland já tinham desaparecido.

Las tres personas habían perdido los últimos vestigios de su educación civilizada.

As três pessoas haviam se livrado dos últimos vestígios de sua educação civilizada.

Despojado de glamour y romance, el viaje al Ártico se volvió brutalmente real.

Desprovida de glamour e romance, a viagem ao Ártico se tornou brutalmente real.

Era una realidad demasiado dura para su sentido de masculinidad y feminidad.

Era uma realidade dura demais para seu senso de masculinidade e feminilidade.

Mercedes ya no lloraba por los perros, ahora lloraba sólo por ella misma.

Mercedes não chorava mais pelos cachorros, mas agora chorava apenas por si mesma.

Pasó su tiempo llorando y peleando con Hal y Charles.

Ela passou o tempo chorando e brigando com Hal e Charles.

Pelear era lo único que nunca estaban demasiado cansados para hacer.

Brigar era a única coisa que eles nunca estavam cansados de fazer.

Su irritabilidad surgió de la miseria, creció con ella y la superó.

A irritabilidade deles vinha da miséria, crescia com ela e a superava.

La paciencia del camino, conocida por quienes trabajan y sufren con bondad, nunca llegó.

A paciência da trilha, conhecida por aqueles que trabalham e sofrem gentilmente, nunca chegou.

Esa paciencia que conserva dulce la palabra a pesar del dolor les era desconocida.

Aquela paciência, que mantém a fala doce em meio à dor, era desconhecida para eles.

No tenían ni un ápice de paciencia ni la fuerza que suponía sufrir con gracia.

Eles não tinham nenhum pingo de paciência, nenhuma força extraída do sofrimento com graça.

Estaban rígidos por el dolor: les dolían los músculos, los huesos y el corazón.

Eles estavam rígidos de dor — dores nos músculos, ossos e corações.

Por eso se volvieron afilados de lengua y rápidos para usar palabras ásperas.

Por isso, eles se tornaram afiados na língua e rápidos nas palavras duras.

Cada día comenzaba y terminaba con voces enojadas y amargas quejas.

Cada dia começava e terminava com vozes raivosas e reclamações amargas.

Charles y Hal discutían cada vez que Mercedes les daba una oportunidad.

Charles e Hal brigavam sempre que Mercedes lhes dava uma chance.

Cada hombre creía que hacía más de lo que le correspondía en el trabajo.

Cada homem acreditava que fazia mais do que sua parte do trabalho.

Ninguno de los dos perdió la oportunidad de decirlo una y otra vez.

Nenhum dos dois perdeu a oportunidade de dizer isso, repetidas vezes.

A veces Mercedes se ponía del lado de Charles, a veces del lado de Hal.

Às vezes Mercedes ficava do lado de Charles, às vezes do lado de Hal.

Esto dio lugar a una gran e interminable disputa entre los tres.

Isso levou a uma grande e interminável discussão entre os três.

Una disputa sobre quién debería cortar leña se salió de control.

Uma disputa sobre quem deveria cortar lenha saiu do controle.

Pronto se nombraron padres, madres, primos y parientes muertos.

Logo, pais, mães, primos e parentes mortos foram nomeados.

Las opiniones de Hal sobre el arte o las obras de su tío se convirtieron en parte de la pelea.

As opiniões de Hal sobre arte ou as peças de seu tio se tornaram parte da briga.

Las creencias políticas de Charles también entraron en el debate.

As convicções políticas de Charles também entraram no debate.

Para Mercedes, incluso los chismes de la hermana de su marido parecían relevantes.

Para Mercedes, até as fofocas da irmã do marido pareciam relevantes.

Ella expresó sus opiniones sobre eso y sobre muchos de los defectos de la familia de Charles.

Ela expressou opiniões sobre isso e sobre muitas das falhas da família de Charles.

Mientras discutían, el fuego permaneció apagado y el campamento medio montado.

Enquanto eles discutiam, o fogo permaneceu apagado e o acampamento estava meio armado.

Mientras tanto, los perros permanecieron fríos y sin comida.

Enquanto isso, os cães continuaram com frio e sem comida.

Mercedes tenía un motivo de queja que consideraba profundamente personal.

Mercedes tinha uma queixa que considerava profundamente pessoal.

Se sintió maltratada como mujer, negándole sus privilegios de gentileza.

Ela se sentiu maltratada como mulher e teve seus privilégios de gentil negados.

Ella era bonita y dulce, y acostumbrada a la caballerosidad toda su vida.

Ela era bonita e gentil, e acostumada ao cavalheirismo durante toda a vida.

Pero su marido y su hermano ahora la trataban con impaciencia.

Mas seu marido e seu irmão agora a tratavam com impaciência.

Su costumbre era actuar con impotencia y comenzaron a quejarse.

O hábito dela era agir de forma desamparada, e eles começaram a reclamar.

Ofendida por esto, les hizo la vida aún más difícil.

Ofendida com isso, ela tornou a vida deles ainda mais difícil.

Ella ignoró a los perros e insistió en montar ella misma el trineo.

Ela ignorou os cães e insistiu em andar de trenó sozinha.

Aunque parecía ligera de aspecto, pesaba ciento veinte libras.

Embora de aparência leve, ela pesava 60 quilos.

Esa carga adicional era demasiado para los perros hambrientos y débiles.

Esse fardo adicional era demais para os cães famintos e fracos.

Aún así, ella cabalgó durante días, hasta que los perros se desplomaron en las riendas.

Mesmo assim, ela cavalgou por dias, até que os cães desabaram nas rédeas.

El trineo se detuvo y Charles y Hal le rogaron que caminara.

O trenó parou, e Charles e Hal imploraram para que ela andasse.

Ellos suplicaron y rogaron, pero ella lloró y los llamó crueles.

Eles imploraram e suplicaram, mas ela chorou e os chamou de cruéis.

En una ocasión la sacaron del trineo con pura fuerza y enojo.

Em uma ocasião, eles a puxaram para fora do trenó com muita força e raiva.

Nunca volvieron a intentarlo después de lo que pasó aquella vez.

Eles nunca mais tentaram depois do que aconteceu daquela vez.

Ella se quedó flácida como un niño mimado y se sentó en la nieve.

Ela ficou mole como uma criança mimada e sentou-se na neve.

Ellos siguieron adelante, pero ella se negó a levantarse o seguirlos.

Eles seguiram em frente, mas ela se recusou a se levantar ou segui-los.

Después de tres millas, se detuvieron, regresaron y la llevaron de regreso.

Depois de três milhas, eles pararam, retornaram e a carregaram de volta.

La volvieron a cargar en el trineo, nuevamente usando la fuerza bruta.

Eles a recarregaram no trenó, novamente usando força bruta.

En su profunda miseria, fueron insensibles al sufrimiento de los perros.

Em sua profunda miséria, eles eram insensíveis ao sofrimento dos cães.

Hal creía que uno debía endurecerse y forzar esa creencia a los demás.

Hal acreditava que era preciso endurecer as pessoas e forçava essa crença aos outros.

Primero intentó predicar su filosofía a su hermana.

Ele primeiro tentou pregar sua filosofia para sua irmã

y luego, sin éxito, le predicó a su cuñado.

e então, sem sucesso, ele pregou para seu cunhado.

Tuvo más éxito con los perros, pero sólo porque los lastimaba.

Ele teve mais sucesso com os cães, mas apenas porque os machucou.

En Five Fingers, la comida para perros se quedó completamente sin comida.

No Five Fingers, a comida do cachorro acabou completamente.

Una vieja india desdentada vendió unas cuantas libras de cuero de caballo congelado

Uma velha índia desdentada vendeu alguns quilos de couro de cavalo congelado

Hal cambió su revólver por la piel de caballo seca.

Hal trocou seu revólver pelo couro de cavalo seco.

La carne había procedido de caballos hambrientos de ganaderos meses antes.

A carne vinha de cavalos famintos de pecuaristas meses antes.

Congelada, la piel era como hierro galvanizado: dura y incomestible.

Congelada, a pele era como ferro galvanizado: dura e intragável.

Los perros tenían que masticar sin parar la piel para poder comérsela.

Os cães tinham que mastigar sem parar o couro para comê-lo.

Pero las cuerdas correosas y el pelo corto no constituían apenas alimento.

Mas as cordas coriáceas e os pelos curtos dificilmente serviam de alimento.

La mayor parte de la piel era irritante y no era alimento en ningún sentido estricto.

A maior parte da pele era irritante e não era comida no sentido verdadeiro.

Y durante todo ese tiempo, Buck se tambaleaba al frente, como en una pesadilla.

E durante todo esse tempo, Buck cambaleou na frente, como em um pesadelo.

Tiraba cuando podía, y cuando no, se quedaba tendido hasta que un látigo o un garrote lo levantaban.

Ele puxava quando podia; quando não, ficava deitado até que o chicote ou o porrete o levantassem.

Su fino y brillante pelaje había perdido toda la rigidez y brillo que alguna vez tuvo.

Sua pelagem fina e brilhante havia perdido toda a rigidez e o brilho que outrora possuía.

Su cabello colgaba lacio, enmarañado y cubierto de sangre seca por los golpes.

Seus cabelos estavam caídos, desgrenhados e cobertos de sangue seco dos golpes.

Sus músculos se encogieron hasta convertirse en cuerdas y sus almohadillas de carne estaban todas desgastadas.

Seus músculos encolheram até virarem cordas, e suas almofadas de carne estavam todas desgastadas.

Cada costilla, cada hueso se veía claramente a través de los pliegues de la piel arrugada.

Cada costela, cada osso aparecia claramente através de dobras de pele enrugada.

Fue desgarrador, pero el corazón de Buck no podía romperse.

Foi de partir o coração, mas o coração de Buck não pôde se partir.

El hombre del suéter rojo lo había probado y demostrado hacía mucho tiempo.

O homem do suéter vermelho já havia testado e provado isso há muito tempo.

Tal como sucedió con Buck, sucedió con el resto de sus compañeros de equipo.

Assim como aconteceu com Buck, aconteceu com todos os seus companheiros de equipe restantes.

Eran siete en total, cada uno de ellos un esqueleto andante de miseria.

Eram sete no total, cada um deles um esqueleto ambulante de miséria.

Se habían vuelto insensibles a los latigazos y solo sentían un dolor distante.

Eles ficaram insensíveis ao chicote, sentindo apenas uma dor distante.

Incluso la vista y el sonido les llegaban débilmente, como a través de una espesa niebla.

Até mesmo a visão e o som chegavam até eles fracamente, como se estivessem através de uma névoa espessa.

No estaban ni medio vivos: eran huesos con tenues chispas en su interior.

Eles não estavam meio vivos — eram ossos com faíscas fracas dentro.

Al detenerse, se desplomaron como cadáveres y sus chispas casi desaparecieron.

Quando parados, eles desmoronavam como cadáveres, com suas faíscas quase apagadas.

Y cuando el látigo o el garrote volvían a golpear, las chispas revoloteaban débilmente.

E quando o chicote ou o porrete batiam novamente, as faíscas tremulavam fracamente.

Entonces se levantaron, se tambalearon hacia adelante y arrastraron sus extremidades hacia delante.

Então eles se levantaram, cambalearam para a frente e arrastaram seus membros para a frente.

Un día el amable Billee se cayó y ya no pudo levantarse.

Um dia, o gentil Billee caiu e não conseguiu mais se levantar.

Hal había cambiado su revólver, por lo que utilizó un hacha para matar a Billee.

Hal havia trocado seu revólver, então ele usou um machado para matar Billee.

Lo golpeó en la cabeza, luego le cortó el cuerpo y se lo llevó arrastrado.

Ele o atingiu na cabeça, então libertou seu corpo e o arrastou para longe.

Buck vio esto, y también los demás; sabían que la muerte estaba cerca.

Buck viu isso, e os outros também; eles sabiam que a morte estava próxima.

Al día siguiente Koona se fue, dejando sólo cinco perros en el equipo hambriento.

No dia seguinte, Koona foi embora, deixando apenas cinco cães no grupo faminto.

Joe, que ya no era malo, estaba demasiado perdido como para darse cuenta de gran cosa.

Joe não era mais mau, estava muito malvado para ter consciência de qualquer coisa.

Pike, que ya no fingía su lesión, estaba apenas consciente.

Pike, sem fingir mais o ferimento, estava quase inconsciente.

Solleks, todavía fiel, lamentó no tener fuerzas para dar.

Solleks, ainda fiel, lamentou não ter forças para dar.

Teek fue el que más perdió porque estaba más fresco, pero su rendimiento se estaba agotando rápidamente.

Teek foi o mais derrotado porque estava mais descansado, mas estava perdendo força rapidamente.

Y Buck, todavía a la cabeza, ya no mantenía el orden ni lo hacía cumplir.

E Buck, ainda na liderança, não mais mantinha a ordem nem a aplicava.

Medio ciego por la debilidad, Buck siguió el rastro sólo por el tacto.

Meio cego de fraqueza, Buck seguiu a trilha apenas pelo tato.

Era un hermoso clima primaveral, pero ninguno de ellos lo notó.

O clima era lindo de primavera, mas nenhum deles percebeu.

Cada día el sol salía más temprano y se ponía más tarde que el anterior.

A cada dia o sol nascia mais cedo e se punha mais tarde do que antes.

A las tres de la mañana ya había amanecido; el crepúsculo duró hasta las nueve.

Às três da manhã, o amanhecer chegou; o crepúsculo durou até as nove.

Los largos días estuvieron llenos del resplandor del sol primaveral.

Os longos dias eram preenchidos com o brilho intenso do sol da primavera.

El silencio fantasmal del invierno se había transformado en un cálido murmullo.

O silêncio fantasmagórico do inverno havia se transformado em um murmúrio quente.

Toda la tierra estaba despertando, viva con la alegría de los seres vivos.

Toda a terra estava desperta, viva com a alegria dos seres vivos.

El sonido provenía de lo que había permanecido muerto e inmóvil durante el invierno.

O som vinha daquilo que havia permanecido morto e imóvel durante o inverno.

Ahora, esas cosas se movieron nuevamente, sacudiéndose el largo sueño helado.

Agora, essas coisas se moviam novamente, sacudindo ò longo sono congelado.

La savia subía a través de los oscuros troncos de los pinos que esperaban.

A seiva subia pelos troncos escuros dos pinheiros que esperavam.

Los sauces y los álamos brotan brillantes y jóvenes brotes en cada ramita.

Salgueiros e álamos produzem brotos jovens e brilhantes em cada galho.

Los arbustos y las enredaderas se vistieron de un verde fresco a medida que el bosque cobraba vida.

Arbustos e trepadeiras ganharam um verde fresco enquanto a floresta ganhava vida.

Los grillos cantaban por la noche y los insectos se arrastraban bajo el sol del día.

Os grilos cantavam à noite e os insetos rastejavam sob o sol do dia.

Las perdices graznaban y los pájaros carpinteros picoteaban en lo profundo de los árboles.

As perdizes rugiam e os pica-paus batiam fundo nas árvores.

Las ardillas parloteaban, los pájaros cantaban y los gansos graznaban al hablarles a los perros.

Os esquilos tagarelavam, os pássaros cantavam e os gansos grasnavam para os cães.

Las aves silvestres llegaron en grupos afilados, volando desde el sur.

As aves selvagens vinham em bandos afiados, voando do sul.

De cada ladera llegaba la música de arroyos ocultos y caudalosos.

De cada encosta vinha a música de riachos escondidos e caudalosos.

Todas las cosas se descongelaron y se rompieron, se doblaron y volvieron a ponerse en movimiento.

Todas as coisas descongelaram e estalaram, dobraram-se e voltaram a se mover.

El Yukón se esforzó por romper las frías cadenas del hielo congelado.

O Yukon se esforçou para quebrar as correntes frias de gelo congelado.

El hielo se derritió desde abajo, mientras que el sol lo derritió desde arriba.

O gelo derreteu por baixo, enquanto o sol o derreteu por cima.

Se abrieron agujeros de aire, se abrieron grietas y algunos trozos cayeron al río.

Buracos de ar se abriram, rachaduras se espalharam e pedaços caíram no rio.

En medio de toda esta vida frenética y llameante, los viajeros se tambaleaban.

Em meio a toda essa vida explosiva e flamejante, os viajantes cambaleavam.

Dos hombres, una mujer y una jauría de perros esquimales caminaban como muertos.

Dois homens, uma mulher e uma matilha de huskies caminhavam como mortos.

Los perros caían, Mercedes lloraba, pero seguía montando el trineo.

Os cães estavam caindo, Mercedes chorava, mas ainda andava no trenó.

Hal maldijo débilmente y Charles parpadeó con los ojos llorosos.

Hal praguejou fracamente, e Charles piscou com os olhos lacrimejantes.

Se toparon con el campamento de John Thornton junto a la desembocadura del río Blanco.

Eles tropeçaram no acampamento de John Thornton, na foz do Rio Branco.

Cuando se detuvieron, los perros cayeron al suelo, como si todos hubieran muerto.

Quando pararam, os cães caíram no chão, como se estivessem todos mortos.

Mercedes se secó las lágrimas y miró a John Thornton.

Mercedes enxugou as lágrimas e olhou para John Thornton.

Charles se sentó en un tronco, lenta y rígidamente, dolorido por el camino.

Charles sentou-se em um tronco, lenta e rigidamente, dolorido por causa da trilha.

Hal habló mientras Thornton tallaba el extremo del mango de un hacha.

Hal falou enquanto Thornton esculpia a ponta de um cabo de machado.

Él tallaba madera de abedul y respondía con respuestas breves y firmes.

Ele talhou madeira de bétula e respondeu com respostas breves e firmes.

Cuando se le preguntó, dio consejos, seguro de que no serían seguidos.

Quando questionado, ele deu conselhos, certo de que não seriam seguidos.

Hal explicó: "Nos dijeron que el hielo del sendero se estaba desprendiendo".

Hal explicou: "Eles nos disseram que o gelo da trilha estava derretendo."

Dijeron que nos quedáramos allí, pero llegamos a White River.

"Disseram que deveríamos ficar parados, mas chegamos a White River."

Terminó con un tono burlón, como para proclamar la victoria en medio de las dificultades.

Ele terminou com um tom de escárnio, como se quisesse reivindicar vitória em meio às dificuldades.

—Y te dijeron la verdad —respondió John Thornton a Hal en voz baja.

"E eles lhe disseram a verdade", John Thornton respondeu calmamente a Hal.

"El hielo puede ceder en cualquier momento; está a punto de desprenderse".

"O gelo pode ceder a qualquer momento. Ele está pronto para cair."

"Solo la suerte ciega y los tontos pudieron haber llegado tan lejos con vida".

"Só a sorte cega e os tolos poderiam ter chegado tão longe com vida."

"Te lo digo directamente: no arriesgaría mi vida ni por todo el oro de Alaska".

"Vou lhe dizer francamente: eu não arriscaria minha vida por todo o ouro do Alasca."

—Supongo que es porque no eres tonto —respondió Hal.

"É porque você não é tolo, eu acho", respondeu Hal.

—De todos modos, seguiremos hasta Dawson. —Desenrolló el látigo.

"Mesmo assim, iremos para Dawson." Ele desenrolou seu chicote.

—¡Sube, Buck! ¡Hola! ¡Sube! ¡Vamos! —gritó con dureza.

"Sobe aí, Buck! Oi! Levanta! Vai!", gritou ele asperamente.

Thornton siguió tallando madera, sabiendo que los tontos no escucharían razones.

Thornton continuou a talhar, sabendo que os tolos não ouviriam a razão.

Detener a un tonto era inútil, y dos o tres tontos no cambiaban nada.

Parar um tolo era inútil — e dois ou três tolos não mudavam nada.

Pero el equipo no se movió ante la orden de Hal.

Mas a equipe não se moveu ao som do comando de Hal.

A estas alturas, sólo los golpes podían hacerlos levantarse y avanzar.

A essa altura, somente golpes conseguiam fazê-los se levantar e avançar.

El látigo golpeó una y otra vez a los perros debilitados.

O chicote estalava repetidamente nos cães enfraquecidos.

John Thornton apretó los labios con fuerza y observó en silencio.

John Thornton apertou os lábios e observou em silêncio.

Solleks fue el primero en ponerse de pie bajo el látigo.
Solleks foi o primeiro a se levantar sob o chicote.
Entonces Teek lo siguió, temblando. Joe gritó al tambalearse.
Então Teek o seguiu, tremendo. Joe gritou ao se levantar
cambaleando.
Pike intentó levantarse, falló dos veces y finalmente se
mantuvo en pie, tambaleándose.
Pike tentou se levantar, falhou duas vezes e então finalmente
conseguiu ficar de pé, cambaleando.
Pero Buck yacía donde había caído, sin moverse en absoluto
este momento.
Mas Buck permaneceu onde havia caído, sem se mexer
durante todo esse tempo.
El látigo lo golpeaba una y otra vez, pero él no emitía ningún
sonido.
O chicote o golpeava repetidamente, mas ele não emitia
nenhum som.
Él no se inmutó ni se resistió, simplemente permaneció
quieto y en silencio.
Ele não vacilou nem resistiu, simplesmente permaneceu
parado e quieto.
Thornton se movió más de una vez, como si fuera a hablar,
pero no lo hizo.
Thornton se mexeu mais de uma vez, como se fosse falar, mas
não o fez.
Sus ojos se humedecieron y el látigo siguió golpeando
contra Buck.
Seus olhos ficaram marejados, e o chicote continuou a estalar
contra Buck.
Finalmente, Thornton comenzó a caminar lentamente, sin
saber qué hacer.
Por fim, Thornton começou a andar lentamente, sem saber o
que fazer.
Era la primera vez que Buck fallaba y Hal se puso furioso.
Foi a primeira vez que Buck falhou, e Hal ficou furioso.
Dejó el látigo y en su lugar tomó el pesado garrote.
Ele jogou o chicote no chão e pegou o pesado porrete.

El palo de madera cayó con fuerza, pero Buck todavía no se levantó para moverse.

O porrete de madeira caiu com força, mas Buck ainda não se levantou para se mover.

Al igual que sus compañeros de equipo, era demasiado débil, pero más que eso.

Assim como seus companheiros de equipe, ele era muito fraco — mas era mais do que isso.

Buck había decidido no moverse, sin importar lo que sucediera después.

Buck decidiu não se mover, não importa o que acontecesse em seguida.

Sintió algo oscuro y seguro flotando justo delante.

Ele sentiu algo escuro e certo pairando à sua frente.

Ese miedo se apoderó de él tan pronto como llegó a la orilla del río.

Esse medo tomou conta dele assim que chegou à margem do rio.

La sensación no lo había abandonado desde que sintió el hielo fino bajo sus patas.

A sensação não o abandonou desde que ele sentiu o gelo ficar fino sob suas patas.

Algo terrible lo esperaba; lo sintió más allá del camino.

Algo terrível estava esperando — ele sentiu isso logo abaixo na trilha.

No iba a caminar hacia esa cosa terrible que había delante.

Ele não iria caminhar em direção àquela coisa terrível à sua frente

Él no iba a obedecer ninguna orden que lo llevara a esa cosa.

Ele não iria obedecer a nenhuma ordem que o levasse àquela coisa.

El dolor de los golpes apenas lo afectaba ahora: estaba demasiado lejos.

A dor dos golpes mal o tocava agora — ele estava muito mal.

La chispa de la vida parpadeaba débilmente y se apagaba bajo cada golpe cruel.

A centelha da vida brilhava fracamente, apagando-se sob cada golpe cruel.

Sus extremidades se sentían distantes; su cuerpo entero parecía pertenecer a otro.

Seus membros pareciam distantes; todo o seu corpo parecia pertencer a outro.

Sintió un extraño entumecimiento mientras el dolor desapareció por completo.

Ele sentiu uma dormência estranha enquanto a dor desaparecia completamente.

Desde lejos, sentía que lo golpeaban, pero apenas lo sabía.

De longe, ele sentiu que estava sendo espancado, mas mal sabia.

Podía oír los golpes débilmente, pero ya no dolían realmente.

Ele conseguia ouvir as pancadas fracamente, mas elas não doíam mais de verdade.

Los golpes dieron en el blanco, pero su cuerpo ya no parecía el suyo.

Os golpes acertaram, mas seu corpo não parecia mais o seu.

Entonces, de repente y sin previo aviso, John Thornton lanzó un grito salvaje.

Então, de repente, sem aviso, John Thornton deu um grito selvagem.

Era un grito inarticulado, más el grito de una bestia que el de un hombre.

Era inarticulado, mais o grito de uma fera do que de um homem.

Saltó hacia el hombre con el garrote y tiró a Hal hacia atrás.

Ele saltou em direção ao homem com o porrete e derrubou Hal para trás.

Hal voló como si lo hubiera golpeado un árbol y aterrizó con fuerza en el suelo.

Hal voou como se tivesse sido atingido por uma árvore, aterrissando com força no chão.

Mercedes gritó en pánico y se llevó las manos a la cara.

Mercedes gritou alto em pânico e agarrou o rosto.

Charles se limitó a mirar, se secó los ojos y permaneció sentado.

Charles apenas observou, enxugou os olhos e permaneceu sentado.

Su cuerpo estaba demasiado rígido por el dolor para levantarse o ayudar en la pelea.

Seu corpo estava rígido demais de dor para se levantar ou ajudar na luta.

Thornton se quedó de pie junto a Buck, temblando de furia, incapaz de hablar.

Thornton ficou de pé sobre Buck, tremendo de fúria, incapaz de falar.

Se estremeció de rabia y luchó por encontrar su voz a través de ella.

Ele tremia de raiva e lutava para encontrar sua voz em meio a isso.

—Si vuelves a golpear a ese perro, te mataré —dijo finalmente.

"Se você bater naquele cachorro de novo, eu vou te matar", ele disse finalmente.

Hal se limpió la sangre de la boca y volvió a avanzar.

Hal limpou o sangue da boca e voltou para frente.

—Es mi perro —murmuró—. ¡Quítate del medio o te curaré!

"É o meu cachorro", murmurou ele. "Sai da frente, senão eu te acerto."

"Voy a Dawson y no me lo vas a impedir", añadió.

"Vou para Dawson, e você não vai me impedir", acrescentou.

Thornton se mantuvo firme entre Buck y el joven enojado.

Thornton permaneceu firme entre Buck e o jovem furioso.

No tenía intención de hacerse a un lado o dejar pasar a Hal.

Ele não tinha intenção de se afastar ou deixar Hal passar.

Hal sacó su cuchillo de caza, largo y peligroso en la mano.

Hal sacou sua faca de caça, longa e perigosa na mão.

Mercedes gritó, luego lloró y luego rió con una histeria salvaje.

Mercedes gritou, depois chorou e depois riu histericamente.

Thornton golpeó la mano de Hal con el mango de su hacha, fuerte y rápido.

Thornton atingiu a mão de Hal com o cabo do machado, forte e rápido.

El cuchillo se soltó del agarre de Hal y voló al suelo.

A faca se soltou das mãos de Hal e voou para o chão.

Hal intentó recoger el cuchillo y Thornton volvió a golpearle los nudillos.

Hal tentou pegar a faca, e Thornton bateu nos nós dos dedos novamente.

Entonces Thornton se agachó, agarró el cuchillo y lo sostuvo.

Então Thornton se abaixou, pegou a faca e a segurou.

Con dos rápidos golpes del mango del hacha, cortó las riendas de Buck.

Com dois golpes rápidos no cabo do machado, ele cortou as rédeas de Buck.

Hal ya no tenía fuerzas para luchar y se apartó del perro.

Hal não tinha mais forças para lutar e se afastou do cachorro.

Además, Mercedes necesitaba ahora ambos brazos para mantenerse erguida.

Além disso, Mercedes precisava dos dois braços para se manter em pé.

Buck estaba demasiado cerca de la muerte como para volver a ser útil para tirar de un trineo.

Buck estava muito perto da morte para poder puxar um trenó novamente.

Unos minutos después, se marcharon y se dirigieron río abajo.

Poucos minutos depois, eles partiram e seguiram rio abaixo.

Buck levantó la cabeza débilmente y los observó mientras salían del banco.

Buck levantou a cabeça fracamente e os observou saindo do banco.

Pike lideró el equipo, con Solleks en la parte trasera, al volante.

Pike liderou a equipe, com Solleks na retaguarda, no lugar do volante.

Joe y Teek caminaron entre ellos, ambos cojeando por el cansancio.

Joe e Teek caminhavam entre eles, ambos mancando de exaustão.

Mercedes se sentó en el trineo y Hal agarró el largo palo.

Mercedes sentou-se no trenó e Hal agarrou o longo mastro.

Charles se tambaleó detrás, sus pasos torpes e inseguros.

Charles cambaleou para trás, com passos desajeitados e incertos.

Thornton se arrodilló junto a Buck y buscó con delicadeza los huesos rotos.

Thornton se ajoelhou ao lado de Buck e delicadamente apalpou os ossos quebrados.

Sus manos eran ásperas pero se movían con amabilidad y cuidado.

Suas mãos eram ásperas, mas se moviam com gentileza e cuidado.

El cuerpo de Buck estaba magullado pero no mostraba lesiones duraderas.

O corpo de Buck estava machucado, mas não apresentava ferimentos permanentes.

Lo que quedó fue un hambre terrible y una debilidad casi total.

O que restou foi uma fome terrível e fraqueza quase total.

Cuando esto quedó claro, el trineo ya había avanzado mucho río abajo.

Quando isso ficou claro, o trenó já havia ido longe rio abaixo.

El hombre y el perro observaron cómo el trineo se deslizaba lentamente sobre el hielo agrietado.

O homem e o cachorro observavam o trenó rastejando lentamente sobre o gelo rachado.

Luego vieron que el trineo se hundía en un hueco.

Então, eles viram o trenó afundar em uma depressão.

El mástil voló hacia arriba, con Hal todavía aferrándose a él en vano.

O mastro voou para cima, com Hal ainda se agarrando a ele em vão.

El grito de Mercedes les llegó a través de la fría distancia.

O grito de Mercedes os alcançou através da distância fria.

Charles se giró y dio un paso atrás, pero ya era demasiado tarde.

Charles se virou e deu um passo para trás, mas era tarde demais.

Una capa de hielo entera cedió y todos ellos cayeron al suelo.

Uma camada inteira de gelo cedeu e todos eles caíram.

Los perros, los trineos y las personas desaparecieron en el agua negra que había debajo.

Cães, trenós e pessoas desapareceram na água escura abaixo.

En el hielo por donde habían pasado sólo quedaba un amplio agujero.

Apenas um grande buraco no gelo ficou por onde eles passaram.

El sendero se había hundido por completo, tal como Thornton había advertido.

O fundo da trilha havia cedido, exatamente como Thornton havia avisado.

Thornton y Buck se miraron el uno al otro y guardaron silencio por un momento.

Thornton e Buck se entreolharam e ficaram em silêncio por um momento.

—Pobre diablo —dijo Thornton suavemente, y Buck le lamió la mano.

"Pobre coitado", disse Thornton suavemente, e Buck lambeu a mão.

Por el amor de un hombre
Pelo Amor de um Homem

John Thornton se congeló los pies en el frío del diciembre anterior.
John Thornton congelou os pés no frio do dezembro anterior.
Sus compañeros lo hicieron sentir cómodo y lo dejaron recuperarse solo.
Seus parceiros o deixaram confortável e se recuperar sozinho.
Subieron al río para recoger una balsa de troncos para aserrar para Dawson.
Eles subiram o rio para coletar uma jangada de toras de serra para Dawson.
Todavía cojeaba ligeramente cuando rescató a Buck de la muerte.
Ele ainda estava mancando um pouco quando resgatou Buck da morte.
Pero como el clima cálido continuó, incluso esa cojera desapareció.
Mas com a continuação do tempo quente, até essa claudicação desapareceu.
Durante los largos días de primavera, Buck descansaba a orillas del río.
Deitado na margem do rio durante longos dias de primavera, Buck descansava.
Observó el agua fluir y escuchó a los pájaros y a los insectos.
Ele observou a água corrente e ouviu pássaros e insetos.
Lentamente, Buck recuperó su fuerza bajo el sol y el cielo.
Lentamente, Buck recuperou suas forças sob o sol e o céu.
Un descanso fue maravilloso después de viajar tres mil millas.
Descansar foi maravilhoso depois de viajar 4.800 quilômetros.
Buck se volvió perezoso a medida que sus heridas sanaban y su cuerpo se llenaba.
Buck ficou preguiçoso enquanto suas feridas cicatrizavam e seu corpo encorpava.

Sus músculos se reafirmaron y la carne volvió a cubrir sus huesos.

Seus músculos ficaram firmes e a carne voltou a cobrir seus ossos.

Todos estaban descansando: Buck, Thornton, Skeet y Nig.

Estavam todos descansando: Buck, Thornton, Skeet e Nig.

Esperaron la balsa que los llevaría a Dawson.

Eles esperaram a jangada que os levaria até Dawson.

Skeet era un pequeño setter irlandés que se hizo amigo de Buck.

Skeet era um pequeno setter irlandês que fez amizade com Buck.

Buck estaba demasiado débil y enfermo para resistirse a ella en su primer encuentro.

Buck estava fraco e doente demais para resistir a ela no primeiro encontro.

Skeet tenía el rasgo de sanador que algunos perros poseen naturalmente.

Skeet tinha a característica de curandeira que alguns cães possuem naturalmente.

Como una gata madre, lamió y limpió las heridas abiertas de Buck.

Como uma gata, ela lambeu e limpou as feridas abertas de Buck.

Todas las mañanas, después del desayuno, repetía su minucioso trabajo.

Todas as manhãs, após o café da manhã, ela repetia seu trabalho cuidadoso.

Buck llegó a esperar su ayuda tanto como la de Thornton.

Buck passou a esperar a ajuda dela tanto quanto esperava a de Thornton.

Nig también era amigable, pero menos abierto y menos cariñoso.

Nig também era amigável, mas menos aberto e menos afetuoso.

Nig era un perro grande y negro, mitad sabueso y mitad lebrel.

Nig era um grande cão preto, parte sabujo e parte cão de caça.

Tenía ojos sonrientes y un espíritu bondadoso sin límites.
Ele tinha olhos risonhos e uma bondade infinita em seu espírito.

Para sorpresa de Buck, ninguno de los perros mostró celos hacia él.
Para a surpresa de Buck, nenhum dos cães demonstrou ciúmes dele.

Tanto Skeet como Nig compartieron la amabilidad de John Thornton.
Tanto Skeet quanto Nig compartilhavam a gentileza de John Thornton.

A medida que Buck se hacía más fuerte, lo atrajeron hacia juegos de perros tontos.
À medida que Buck ficava mais forte, eles o atraíam para brincadeiras tolas de cachorro.

Thornton también jugaba a menudo con ellos, incapaz de resistirse a su alegría.
Thornton também brincava com eles com frequência, pois não conseguia resistir à alegria deles.

De esta manera lúdica, Buck pasó de la enfermedad a una nueva vida.
Dessa forma lúdica, Buck passou da doença para uma nova vida.

El amor, el amor verdadero, ardiente y apasionado, finalmente era suyo.
O amor — verdadeiro, ardente e apaixonado — era seu finalmente.

Nunca había conocido ese tipo de amor en la finca de Miller.
Ele nunca conheceu esse tipo de amor na propriedade de Miller.

Con los hijos del Juez había compartido trabajo y aventuras.
Com os filhos do Juiz, ele compartilhou trabalho e aventura.

En los nietos vio un orgullo rígido y jactancioso.
Nos netos, ele viu um orgulho rígido e prepotente.

Con el propio juez Miller mantuvo una amistad respetuosa.
Com o próprio juiz Miller, ele tinha uma amizade respeitosa.

Pero el amor que era fuego, locura y adoración llegó con Thornton.

Mas o amor que era fogo, loucura e adoração veio com Thornton.

Este hombre había salvado la vida de Buck, y eso solo significaba mucho.

Este homem salvou a vida de Buck, e isso por si só significava muito.

Pero más que eso, John Thornton era el tipo de maestro ideal.

Mas mais do que isso, John Thornton era o tipo ideal de mestre.

Otros hombres cuidaban perros por obligación o necesidad laboral.

Outros homens cuidavam de cães por obrigação ou necessidade comercial.

John Thornton cuidaba a sus perros como si fueran sus hijos.

John Thornton cuidava de seus cães como se fossem seus filhos.

Él se preocupaba por ellos porque los amaba y simplemente no podía evitarlo.

Ele se importava com eles porque os amava e simplesmente não conseguia evitar.

John Thornton vio incluso más lejos de lo que la mayoría de los hombres lograron ver.

John Thornton viu ainda mais longe do que a maioria dos homens conseguiu ver.

Nunca se olvidó de saludarlos amablemente o decirles alguna palabra de aliento.

Ele nunca se esquecia de cumprimentá-los gentilmente ou de dizer uma palavra de incentivo.

Le encantaba sentarse con los perros para tener largas charlas, o "gases", como él decía.

Ele adorava sentar-se com os cães para longas conversas, ou "gassy", como ele dizia.

Le gustaba agarrar bruscamente la cabeza de Buck entre sus fuertes manos.

Ele gostava de agarrar a cabeça de Buck com força entre suas mãos fortes.

Luego apoyó su cabeza contra la de Buck y lo sacudió suavemente.

Então ele encostou a cabeça na de Buck e o sacudiu gentilmente.

Mientras tanto, él llamaba a Buck con nombres groseros que significaban amor para Buck.

Durante todo o tempo, ele chamava Buck de nomes rudes que significavam amor para Buck.

Para Buck, ese fuerte abrazo y esas palabras le trajeron una profunda alegría.

Para Buck, aquele abraço rude e aquelas palavras trouxeram profunda alegria.

Su corazón parecía latir con fuerza de felicidad con cada movimiento.

Seu coração parecia tremer de felicidade a cada movimento.

Cuando se levantó de un salto, su boca parecía como si se estuviera riendo.

Quando ele se levantou depois, sua boca parecia estar rindo.

Sus ojos brillaban intensamente y su garganta temblaba con una alegría tácita.

Seus olhos brilhavam intensamente e sua garganta tremia de alegria silenciosa.

Su sonrisa se detuvo en ese estado de emoción y afecto resplandeciente.

Seu sorriso permaneceu imóvel naquele estado de emoção e afeição radiante.

Entonces Thornton exclamó pensativo: "¡Dios! ¡Casi puede hablar!"

Então Thornton exclamou pensativamente: "Meu Deus! Ele quase consegue falar!"

Buck tenía una extraña forma de expresar amor que casi causaba dolor.

Buck tinha uma maneira estranha de expressar amor que quase causava dor.

A menudo apretaba muy fuerte la mano de Thornton entre
los dientes.

Ele frequentemente apertava a mão de Thornton com os
dentes, com muita força.

La mordedura iba a dejar marcas profundas que
permanecerían durante algún tiempo.

A mordida deixaria marcas profundas que permaneceriam por
algum tempo.

Buck creía que esos juramentos eran de amor y Thornton lo
sabía también.

Buck acreditava que aqueles juramentos eram de amor, e
Thornton sabia o mesmo.

La mayoría de las veces, el amor de Buck se demostraba en
una adoración silenciosa, casi silenciosa.

Na maioria das vezes, o amor de Buck se manifestava em
adoração silenciosa, quase silenciosa.

Aunque se emocionaba cuando lo tocaban o le hablaban, no
buscaba atención.

Embora se sentisse emocionado quando tocado ou falado, ele
não buscava atenção.

Skeet empujó su nariz bajo la mano de Thornton hasta que
él la acarició.

Skeet colocou o focinho sob a mão de Thornton até que ele a
acariciou.

Nig se acercó en silencio y apoyó su gran cabeza en la rodilla
de Thornton.

Nig caminhou silenciosamente e apoiou sua grande cabeça no
joelho de Thornton.

Buck, por el contrario, se conformaba con amar desde una
distancia respetuosa.

Buck, por outro lado, estava satisfeito em amar a uma
distância respeitosa.

Durante horas permaneció tendido a los pies de Thornton,
alerta y observando atentamente.

Ele ficou deitado por horas aos pés de Thornton, alerta e
observando atentamente.

Buck estudió cada detalle del rostro de su amo y su más mínimo movimiento.

Buck estudou cada detalhe do rosto de seu mestre e cada menor movimento.

O yacía más lejos, estudiando la figura del hombre en silencio.

Ou deitado mais longe, estudando a figura do homem em silêncio.

Buck observó cada pequeño movimiento, cada cambio de postura o gesto.

Buck observava cada pequeno movimento, cada mudança de postura ou gesto.

Tan poderosa era esta conexión que a menudo atraía la mirada de Thornton.

Essa conexão era tão poderosa que muitas vezes atraiu o olhar de Thornton.

Sostuvo la mirada de Buck sin palabras, pero el amor brillaba claramente a través de ella.

Ele encontrou os olhos de Buck sem dizer nada, o amor brilhando claramente.

Durante mucho tiempo después de ser salvado, Buck nunca perdió de vista a Thornton.

Por um longo tempo depois de ser salvo, Buck nunca deixou Thornton fora de vista.

Cada vez que Thornton salía de la tienda, Buck lo seguía de cerca afuera.

Sempre que Thornton saía da tenda, Buck o seguia de perto para fora.

Todos los amos severos de las Tierras del Norte habían hecho que Buck tuviera miedo de confiar.

Todos os mestres severos das Terras do Norte fizeram com que Buck tivesse medo de confiar.

Temía que ningún hombre pudiera seguir siendo su amo durante más de un corto tiempo.

Ele temia que nenhum homem pudesse permanecer como seu mestre por mais do que um curto período de tempo.

Temía que John Thornton desapareciera como Perrault y François.

Ele temia que John Thornton desaparecesse como Perrault e François.

Incluso por la noche, el miedo a perderlo acechaba el sueño inquieto de Buck.

Mesmo à noite, o medo de perdê-lo assombrava o sono agitado de Buck.

Cuando Buck se despertó, salió a escondidas al frío y fue a la tienda de campaña.

Quando Buck acordou, ele saiu sorrateiramente para o frio e foi até a barraca.

Escuchó atentamente el suave sonido de la respiración en su interior.

Ele ouviu atentamente o som suave da respiração lá dentro.

A pesar del profundo amor de Buck por John Thornton, lo salvaje siguió vivo.

Apesar do profundo amor de Buck por John Thornton, a natureza permaneceu viva.

Ese instinto primitivo, despertado en el Norte, no desapareció.

Esse instinto primitivo, despertado no Norte, não desapareceu.

El amor trajo devoción, lealtad y el cálido vínculo del fuego.

O amor trouxe devoção, lealdade e o vínculo caloroso do lado do fogo.

Pero Buck también mantuvo sus instintos salvajes, agudos y siempre alerta.

Mas Buck também manteve seus instintos selvagens, aguçados e sempre alertas.

No era sólo una mascota domesticada de las suaves tierras de la civilización.

Ele não era apenas um animal de estimação domesticado das terras macias da civilização.

Buck era un ser salvaje que había venido a sentarse junto al fuego de Thornton.

Buck era um ser selvagem que veio sentar-se perto do fogo de Thornton.

Parecía un perro del Sur, pero en su interior vivía lo salvaje.

Ele parecia um cão da raça Southland, mas a selvageria vivia dentro dele.

Su amor por Thornton era demasiado grande como para permitirle robarle algo.

Seu amor por Thornton era grande demais para permitir que ele o roubasse.

Pero en cualquier otro campamento, robaría con valentía y sin pausa.

Mas em qualquer outro acampamento, ele roubaria com ousadia e sem hesitação.

Era tan astuto al robar que nadie podía atraparlo ni acusarlo.

Ele era tão esperto em roubar que ninguém conseguia pegá-lo ou acusá-lo.

Su rostro y su cuerpo estaban cubiertos de cicatrices de muchas peleas pasadas.

Seu rosto e corpo estavam cobertos de cicatrizes de muitas lutas passadas.

Buck seguía luchando con fiereza, pero ahora luchaba con más astucia.

Buck ainda lutava ferozmente, mas agora lutava com mais astúcia.

Skeet y Nig eran demasiado amables para pelear, y eran de Thornton.

Skeet e Nig eram gentis demais para lutar, e eram de Thornton.

Pero cualquier perro extraño, por fuerte o valiente que fuese, cedía.

Mas qualquer cão estranho, não importa quão forte ou corajoso, cedia.

De lo contrario, el perro se encontraría luchando contra Buck; luchando por su vida.

Caso contrário, o cão se veria lutando contra Buck, lutando por sua vida.

Buck no tuvo piedad una vez que decidió pelear contra otro perro.

Buck não teve misericórdia quando decidiu lutar contra outro cão.

Había aprendido bien la ley del garrote y el colmillo en las Tierras del Norte.

Ele aprendeu bem a lei da clava e das presas nas Terras do Norte.

Él nunca renunció a una ventaja y nunca se retractó de la batalla.

Ele nunca abriu mão de uma vantagem e nunca recuou da batalha.

Había estudiado a los Spitz y a los perros más feroces del correo y de la policía.

Ele estudou Spitz e os cães mais ferozes de correio e polícia.

Sabía claramente que no había término medio en un combate salvaje.

Ele sabia claramente que não havia meio-termo em combate selvagem.

Él debía gobernar o ser gobernado; mostrar misericordia significaba mostrar debilidad.

Ele devia governar ou ser governado; mostrar misericórdia significava mostrar fraqueza.

Mercy era una desconocida en el crudo y brutal mundo de la supervivencia.

A misericórdia era desconhecida no mundo cru e brutal da sobrevivência.

Mostrar misericordia era visto como miedo, y el miedo conducía rápidamente a la muerte.

Mostrar misericórdia era visto como medo, e o medo levava rapidamente à morte.

La antigua ley era simple: matar o ser asesinado, comer o ser comido.

A antiga lei era simples: matar ou ser morto, comer ou ser comido.

Esa ley vino desde las profundidades del tiempo, y Buck la siguió plenamente.

Essa lei veio das profundezas do tempo, e Buck a seguiu integralmente.

Buck era mayor que su edad y el número de respiraciones que tomaba.

Buck era mais velho do que sua idade e do que o número de vezes que respirava.

Conectó claramente el pasado antiguo con el momento presente.

Ele conectou claramente o passado antigo com o momento presente.

Los ritmos profundos de las épocas lo atravesaban como mareas.

Os ritmos profundos das eras moviam-se através dele como as marés.

El tiempo latía en su sangre con la misma seguridad con la que las estaciones movían la tierra.

O tempo pulsava em seu sangue tão seguramente quanto as estações moviam a Terra.

Se sentó junto al fuego de Thornton, con el pecho fuerte y los colmillos blancos.

Ele estava sentado perto do fogo de Thornton, com peito forte e presas brancas.

Su largo pelaje ondeaba, pero detrás de él los espíritus de los perros salvajes observaban.

Seu longo pelo balançava, mas atrás dele os espíritos de cães selvagens observavam.

Lobos medio y lobos completos se agitaron dentro de su corazón y sus sentidos.

Meio-lobos e lobos puros agitavam-se em seu coração e sentidos.

Probaron su carne y bebieron la misma agua que él.

Eles provaram sua carne e beberam a mesma água que ele.

Olfatearon el viento junto a él y escucharon el bosque.

Eles cheiravam o vento ao lado dele e ouviam a floresta.

Susurraron los significados de los sonidos salvajes en la oscuridad.

Eles sussurravam os significados dos sons selvagens na escuridão.

Ellos moldearon sus estados de ánimo y guiaron cada una de sus reacciones tranquilas.

Elas moldavam seu humor e guiavam cada uma de suas reações silenciosas.

Se quedaron con él mientras dormía y se convirtieron en parte de sus sueños más profundos.

Elas ficaram com ele enquanto ele dormia e se tornaram parte de seus sonhos profundos.

Soñaron con él, más allá de él, y constituyeron su propio espíritu.

Eles sonhavam com ele, além dele, e constituíam seu próprio espírito.

Los espíritus de la naturaleza llamaron con tanta fuerza que Buck se sintió atraído.

Os espíritos selvagens chamavam tão fortemente que Buck se sentiu atraído.

Cada día, la humanidad y sus reivindicaciones se debilitaban más en el corazón de Buck.

A cada dia, a humanidade e suas reivindicações enfraqueciam o coração de Buck.

En lo profundo del bosque, un llamado extraño y emocionante estaba por surgir.

Nas profundezas da floresta, um chamado estranho e emocionante iria surgir.

Cada vez que escuchaba el llamado, Buck sentía un impulso que no podía resistir.

Toda vez que ouvia o chamado, Buck sentia uma vontade irresistível.

Él iba a alejarse del fuego y de los caminos humanos trillados.

Ele iria se afastar do fogo e dos caminhos humanos trilhados.

Iba a adentrarse en el bosque, avanzando sin saber por qué.

Ele ia mergulhar na floresta, avançando sem saber por quê.

Él no cuestionó esta atracción porque el llamado era profundo y poderoso.

Ele não questionou essa atração, pois o chamado era profundo e poderoso.

A menudo, alcanzaba la sombra verde y la tierra suave e intacta.

Muitas vezes, ele alcançava a sombra verde e a terra macia e intocada

Pero entonces el fuerte amor por John Thornton lo atrajo de nuevo al fuego.

Mas então o forte amor por John Thornton o puxou de volta para o fogo.

Sólo John Thornton realmente pudo sostener en sus manos el corazón salvaje de Buck.

Somente John Thornton realmente tinha o coração selvagem de Buck em suas mãos.

El resto de la humanidad no tenía ningún valor o significado duradero para Buck.

O resto da humanidade não tinha valor ou significado duradouro para Buck.

Los extraños podrían elogiarlo o acariciar su pelaje con manos amistosas.

Estranhos podem elogiá-lo ou acariciar seu pelo com mãos amigáveis.

Buck permaneció impasible y se alejó por demasiado afecto.

Buck permaneceu impassível e foi embora por excesso de afeição.

Hans y Pete llegaron con la balsa que habían esperado durante tanto tiempo.

Hans e Pete chegaram com a jangada tão esperada

Buck los ignoró hasta que supo que estaban cerca de Thornton.

Buck os ignorou até saber que estavam perto de Thornton.

Después de eso, los toleró, pero nunca les mostró total calidez.

Depois disso, ele os tolerou, mas nunca lhes demonstrou calor humano total.

Él aceptaba comida o gentileza de ellos como si les estuviera haciendo un favor.

Ele aceitava comida ou gentileza deles como se estivesse lhes fazendo um favor.

Eran como Thornton: sencillos, honestos y claros en sus pensamientos.

Eles eram como Thornton: simples, honestos e claros nos pensamentos.

Todos juntos viajaron al aserradero de Dawson y al gran remolino.

Todos juntos viajaram para a serraria de Dawson e para o grande redemoinho

En su viaje aprendieron a comprender profundamente la naturaleza de Buck.

Em sua jornada, eles aprenderam a entender profundamente a natureza de Buck.

No intentaron acercarse como lo habían hecho Skeet y Nig.

Eles não tentaram se aproximar como Skeet e Nig fizeram.

Pero el amor de Buck por John Thornton solo se profundizó con el tiempo.

Mas o amor de Buck por John Thornton só se aprofundou com o tempo.

Sólo Thornton podía colocar una mochila en la espalda de Buck en el verano.

Somente Thornton poderia colocar uma mochila nas costas de Buck no verão.

Cualquiera que fuera lo que Thornton ordenaba, Buck estaba dispuesto a hacerlo a cabalidad.

Tudo o que Thornton ordenava, Buck estava disposto a fazer integralmente.

Un día, después de que dejaron Dawson hacia las cabeceras del río Tanana,

Um dia, depois de deixarem Dawson em direção às nascentes do Tanana,

El grupo se sentó en un acantilado que caía un metro hasta el lecho rocoso desnudo.

o grupo sentou-se em um penhasco que descia um metro até o leito rochoso nu.

John Thornton se sentó cerca del borde y Buck descansó a su lado.

John Thornton sentou-se perto da borda, e Buck descansou ao lado dele.

Thornton tuvo una idea repentina y llamó la atención de los hombres.

Thornton teve um pensamento repentino e chamou a atenção dos homens.

Señaló hacia el otro lado del abismo y le dio a Buck una única orden.

Ele apontou para o outro lado do abismo e deu a Buck uma única ordem.

—¡Salta, Buck! —dijo, extendiendo el brazo por encima del precipicio.

"Pule, Buck!" ele disse, balançando o braço sobre o precipício.

En un momento, tuvo que agarrar a Buck, quien estaba saltando para obedecer.

Num instante, ele teve que agarrar Buck, que estava pulando para obedecer.

Hans y Pete corrieron hacia adelante y los pusieron a ambos a salvo.

Hans e Pete correram e puxaram os dois de volta para um lugar seguro.

Cuando todo terminó y recuperaron el aliento, Pete habló.

Depois que tudo terminou e eles recuperaram o fôlego, Pete falou.

"El amor es extraño", dijo, conmocionado por la feroz devoción del perro.

"O amor é estranho", disse ele, abalado pela devoção feroz do cão.

Thornton meneó la cabeza y respondió con seriedad y calma.

Thornton balançou a cabeça e respondeu com calma seriedade.

"No, el amor es espléndido", dijo, "pero también terrible".

"Não, o amor é esplêndido", disse ele, "mas também terrível".

"A veces, debo admitirlo, este tipo de amor me da miedo".

"Às vezes, devo admitir, esse tipo de amor me assusta."

Pete asintió y dijo: "Odiaría ser el hombre que te toque".
Pete assentiu e disse: "Eu odiaria ser o homem que toca em
você."
Miró a Buck mientras hablaba, serio y lleno de respeto.
Ele olhou para Buck enquanto falava, sério e cheio de respeito.
—¡Py Jingo! —dijo Hans rápidamente—. Yo tampoco, señor.
"Py Jingo!", disse Hans rapidamente. "Eu também não,
senhor."

**Antes de que terminara el año, los temores de Pete se
hicieron realidad en Circle City.**
Antes do ano terminar, os medos de Pete se concretizaram em
Circle City.
**Un hombre cruel llamado Black Burton provocó una pelea
en el bar.**
Um homem cruel chamado Black Burton começou uma briga
no bar.
**Estaba enojado y malicioso, arremetiendo contra un nuevo
novato.**
Ele estava bravo e malicioso, atacando um novato.
**John Thornton entró en escena, tranquilo y afable como
siempre.**
John Thornton interveio, calmo e bem-humorado como
sempre.
**Buck yacía en un rincón, con la cabeza gacha, observando a
Thornton de cerca.**
Buck estava deitado num canto, com a cabeça baixa,
observando Thornton atentamente.
**Burton atacó de repente, y su puñetazo hizo que Thornton
girara.**
Burton atacou de repente, e seu soco fez Thornton girar.
**Sólo la barandilla de la barra evitó que se estrellara con
fuerza contra el suelo.**
Somente a grade do bar o impediu de cair com força no chão.
**Los observadores oyeron un sonido que no era un ladrido ni
un aullido.**
Os observadores ouviram um som que não era latido ou grito

Un rugido profundo salió de Buck mientras se lanzaba hacia el hombre.
um rugido profundo veio de Buck quando ele se lançou em direção ao homem.
Burton levantó el brazo y apenas salvó su vida.
Burton levantou o braço e quase salvou a própria vida.
Buck se estrelló contra él y lo tiró al suelo.
Buck colidiu com ele, derrubando-o no chão.
Buck mordió profundamente el brazo del hombre y luego se abalanzó sobre su garganta.
Buck mordeu fundo o braço do homem e então investiu contra sua garganta.
Burton sólo pudo bloquearlo parcialmente y su cuello quedó destrozado.
Burton só conseguiu bloquear parcialmente, e seu pescoço foi rasgado.
Los hombres se apresuraron a entrar, con los garrotes en alto, y apartaron a Buck del hombre sangrante.
Homens correram, ergueram cassetetes e expulsaram Buck do homem sangrando.
Un cirujano trabajó rápidamente para detener la fuga de sangre.
Um cirurgião agiu rapidamente para impedir que o sangue vazasse.
Buck caminaba de un lado a otro y gruñía, intentando atacar una y otra vez.
Buck andava de um lado para o outro e rosnava, tentando atacar repetidamente.
Sólo los golpes con los palos le impidieron llegar hasta Burton.
Somente golpes de taco o impediram de chegar até Burton.
Allí mismo se convocó y celebró una asamblea de mineros.
Uma reunião de mineiros foi convocada e realizada ali mesmo.
Estuvieron de acuerdo en que Buck había sido provocado y votaron por liberarlo.

Eles concordaram que Buck havia sido provocado e votaram para libertá-lo.

Pero el feroz nombre de Buck ahora resonaba en todos los campamentos de Alaska.

Mas o nome feroz de Buck agora ecoava em todos os acampamentos no Alasca.

Más tarde ese otoño, Buck salvó a Thornton nuevamente de una nueva manera.

Mais tarde naquele outono, Buck salvou Thornton novamente de uma nova maneira.

Los tres hombres guiaban un bote largo por rápidos agitados.

Os três homens estavam guiando um longo barco descendo por corredeiras turbulentas.

Thornton tripulaba el bote, gritando instrucciones para llegar a la costa.

Thornton comandava o barco, dando instruções sobre como chegar à costa.

Hans y Pete corrieron por la tierra, sosteniendo una cuerda de árbol a árbol.

Hans e Pete correram em terra, segurando uma corda de árvore em árvore.

Buck seguía el ritmo en la orilla, siempre observando a su amo.

Buck manteve o ritmo na margem, sempre observando seu mestre.

En un lugar desagradable, las rocas sobresalían bajo el agua rápida.

Em um lugar desagradável, pedras se projetavam sob a água rápida.

Hans soltó la cuerda y Thornton dirigió el bote hacia otro lado.

Hans soltou a corda e Thornton desviou o barco para longe.

Hans corrió para alcanzar el barco nuevamente más allá de las rocas peligrosas.

Hans correu para pegar o barco novamente, passando pelas pedras perigosas.

El barco superó la cornisa pero se topó con una parte más fuerte de la corriente.

O barco passou pela saliência, mas atingiu uma parte mais forte da correnteza.

Hans agarró la cuerda demasiado rápido y desequilibró el barco.

Hans agarrou a corda muito rápido e desequilibrou o barco.

El barco se volcó y se estrelló contra la orilla, boca abajo.

O barco virou e bateu na margem, com a parte de baixo para cima.

Thornton fue arrojado y arrastrado hacia la parte más salvaje del agua.

Thornton foi jogado para fora e arrastado para a parte mais selvagem da água.

Ningún nadador habría podido sobrevivir en esas aguas turbulentas y mortales.

Nenhum nadador poderia sobreviver naquelas águas perigosas e mortais.

Buck saltó instantáneamente y persiguió a su amo río abajo.

Buck pulou imediatamente e perseguiu seu mestre rio abaixo.

Después de trescientos metros, llegó por fin a Thornton.

Depois de trezentos metros, ele finalmente chegou a Thornton.

Thornton agarró la cola de Buck y Buck se giró hacia la orilla.

Thornton agarrou o rabo de Buck, e Buck se virou em direção à praia.

Nadó con todas sus fuerzas, luchando contra el arrastre salvaje del agua.

Ele nadou com força total, lutando contra a força violenta da água.

Se movieron río abajo más rápido de lo que podían llegar a la orilla.

Eles se moviam rio abaixo mais rápido do que conseguiam alcançar a costa.

Más adelante, el río rugía cada vez más fuerte mientras caía en rápidos mortales.

À frente, o rio rugia mais alto enquanto caía em corredeiras mortais.

Las rocas cortaban el agua como los dientes de un peine enorme.

Pedras cortavam a água como os dentes de um pente enorme.

La atracción del agua cerca de la caída era salvaje e ineludible.

A atração da água perto da queda era selvagem e inevitável.

Thornton sabía que nunca podrían llegar a la costa a tiempo.

Thornton sabia que nunca conseguiriam chegar à costa a tempo.

Raspó una roca, se estrelló contra otra,

Ele raspou uma pedra, quebrou uma segunda,

Y entonces se estrelló contra una tercera roca, agarrándola con ambas manos.

E então ele bateu em uma terceira pedra, agarrando-a com as duas mãos.

Soltó a Buck y gritó por encima del rugido: "¡Vamos, Buck! ¡Vamos!".

Ele soltou Buck e gritou por cima do rugido: "Vai, Buck! Vai!"

Buck no pudo mantenerse a flote y fue arrastrado por la corriente.

Buck não conseguiu se manter à tona e foi arrastado pela correnteza.

Luchó con todas sus fuerzas, intentando girar, pero no consiguió ningún progreso.

Ele lutou muito, esforçando-se para virar, mas não conseguiu avançar.

Entonces escuchó a Thornton repetir la orden por encima del rugido del río.

Então ele ouviu Thornton repetir o comando acima do rugido do rio.

Buck salió del agua y levantó la cabeza como para echar una última mirada.

Buck saiu da água e levantou a cabeça como se fosse dar uma última olhada.

Luego se giró y obedeció, nadando hacia la orilla con resolución.

então se virou e obedeceu, nadando em direção à margem com determinação.

Pete y Hans lo sacaron a tierra en el último momento posible.

Pete e Hans o puxaram para terra no último momento possível.

Sabían que Thornton podría aferrarse a la roca sólo por unos minutos más.

Eles sabiam que Thornton poderia se agarrar à rocha por apenas mais alguns minutos.

Corrieron por la orilla hasta un lugar mucho más arriba de donde estaba colgado.

Eles correram até um ponto bem acima de onde ele estava pendurado.

Ataron la cuerda del bote al cuello y los hombros de Buck con cuidado.

Eles amarraram cuidadosamente a linha do barco no pescoço e nos ombros de Buck.

La cuerda estaba ajustada pero lo suficientemente suelta para permitir la respiración y el movimiento.

A corda estava justa, mas solta o suficiente para respirar e se movimentar.

Luego lo lanzaron nuevamente al caudaloso y mortal río.

Então eles o lançaram novamente no rio caudaloso e mortal.

Buck nadó con valentía, pero perdió su ángulo debido a la fuerza de la corriente.

Buck nadou corajosamente, mas perdeu o ângulo para enfrentar a força da correnteza.

Se dio cuenta demasiado tarde de que iba a dejar atrás a Thornton.

Ele viu tarde demais que iria passar por Thornton.

Hans tiró de la cuerda con fuerza, como si Buck fuera un barco que se hundía.

Hans puxou a corda com força, como se Buck fosse um barco virando.

La corriente lo arrastró hacia abajo y desapareció bajo la superficie.

A correnteza o puxou para baixo e ele desapareceu abaixo da superfície.

Su cuerpo chocó contra el banco antes de que Hans y Pete pudieran sacarlo.

Seu corpo atingiu a margem antes que Hans e Pete o resgatassem.

Estaba medio ahogado y le sacaron el agua a golpes.

Ele estava quase afogado, e eles bateram para tirar toda a água dele.

Buck se puso de pie, se tambaleó y volvió a desplomarse en el suelo.

Buck se levantou, cambaleou e caiu novamente no chão.

Entonces oyeron la voz de Thornton llevada débilmente por el viento.

Então eles ouviram a voz de Thornton levemente carregada pelo vento.

Aunque las palabras no eran claras, sabían que estaba cerca de morir.

Embora as palavras não fossem claras, eles sabiam que ele estava perto da morte.

El sonido de la voz de Thornton golpeó a Buck como una sacudida eléctrica.

O som da voz de Thornton atingiu Buck como um choque elétrico.

Saltó y corrió por la orilla, regresando al punto de lanzamiento.

Ele pulou e correu pela margem, retornando ao ponto de lançamento.

Nuevamente ataron la cuerda a Buck, y nuevamente entró al arroyo.

Novamente amarraram a corda em Buck, e novamente ele entrou no riacho.

Esta vez nadó directo y firmemente hacia el agua que palpitaba.

Desta vez, ele nadou direta e firmemente para a água corrente.

Hans soltó la cuerda con firmeza mientras Pete evitaba que se enredara.

Hans soltou a corda com firmeza enquanto Pete evitava que ela se enrolasse.

Buck nadó con fuerza hasta que estuvo alineado justo encima de Thornton.

Buck nadou com força até ficar alinhado logo acima de Thornton.

Luego se dio la vuelta y se lanzó hacia abajo como un tren a toda velocidad.

Então ele se virou e avançou como um trem em alta velocidade.

Thornton lo vio venir, se preparó y le rodeó el cuello con los brazos.

Thornton o viu chegando, preparou-se e colocou os braços em volta do seu pescoço.

Hans ató la cuerda fuertemente alrededor de un árbol mientras ambos eran arrastrados hacia abajo.

Hans amarrou a corda firmemente em uma árvore enquanto ambos eram puxados para baixo.

Cayeron bajo el agua y se estrellaron contra rocas y escombros del río.

Eles caíram debaixo d'água, batendo em pedras e detritos do rio.

En un momento Buck estaba arriba y al siguiente Thornton se levantó jadeando.

Num momento Buck estava no topo, no outro Thornton se levantou ofegante.

Maltratados y asfixiados, se desviaron hacia la orilla y se pusieron a salvo.

Espancados e sufocados, eles se desviaram para a margem e para a segurança.

Thornton recuperó el conocimiento, acostado sobre un tronco a la deriva.

Thornton recuperou a consciência, deitado sobre um tronco.

Hans y Pete trabajaron duro para devolverle el aliento y la vida.

Hans e Pete trabalharam duro para trazer de volta o fôlego e a vida.

Su primer pensamiento fue para Buck, que yacía inmóvil y flácido.

Seu primeiro pensamento foi para Buck, que estava imóvel e mole.

Nig aulló sobre el cuerpo de Buck y Skeet le lamió la cara suavemente.

Nig uivou sobre o corpo de Buck, e Skeet lambeu seu rosto gentilmente.

Thornton, dolorido y magullado, examinó a Buck con manos cuidadosas.

Thornton, dolorido e machucado, examinou Buck com mãos cuidadosas.

Encontró tres costillas rotas, pero ninguna herida mortal en el perro.

Ele encontrou três costelas quebradas, mas nenhum ferimento mortal no cachorro.

"Eso lo resuelve", dijo Thornton. "Acamparemos aquí". Y así lo hicieron.

"Isso resolve", disse Thornton. "Acampamos aqui." E assim fizeram.

Se quedaron hasta que las costillas de Buck sanaron y pudo caminar nuevamente.

Eles ficaram até que as costelas de Buck sarassem e ele pudesse andar novamente.

Ese invierno, Buck realizó una hazaña que aumentó aún más su fama.

Naquele inverno, Buck realizou um feito que aumentou ainda mais sua fama.

Fue menos heroico que salvar a Thornton, pero igual de impresionante.

Foi menos heróico do que salvar Thornton, mas igualmente impressionante.

En Dawson, los socios necesitaban suministros para un viaje lejano.

Em Dawson, os parceiros precisavam de suprimentos para uma viagem distante.

Querían viajar hacia el Este, hacia tierras vírgenes y silvestres.

Eles queriam viajar para o leste, para terras selvagens intocadas.

La escritura de Buck en el Eldorado Saloon hizo posible ese viaje.

A ação de Buck no Eldorado Saloon tornou essa viagem possível.

Todo empezó con hombres alardeando de sus perros mientras bebían.

Tudo começou com homens se gabando de seus cachorros enquanto bebiam.

La fama de Buck lo convirtió en blanco de desafíos y dudas.

A fama de Buck fez dele alvo de desafios e dúvidas.

Thornton, orgulloso y tranquilo, se mantuvo firme en la defensa del nombre de Buck.

Thornton, orgulhoso e calmo, permaneceu firme na defesa do nome de Buck.

Un hombre dijo que su perro podía levantar doscientos cincuenta kilos con facilidad.

Um homem disse que seu cachorro conseguia puxar duzentos quilos com facilidade.

Otro dijo seiscientos, y un tercero se jactó de setecientos.

Outro disse seiscentos, e um terceiro se gabou de setecentos.

"¡Pfft!" dijo John Thornton, "Buck puede tirar de un trineo de mil libras".

"Pfft!" disse John Thornton, "Buck consegue puxar um trenó de 450 quilos."

Matthewson, un Rey de Bonanza, se inclinó hacia delante y lo desafió.

Matthewson, um Rei Bonanza, inclinou-se para frente e o desafiou.

¿Crees que puede poner tanto peso en movimiento?

"Você acha que ele consegue colocar tanto peso em movimento?"

"¿Y crees que puede tirar del peso cien yardas enteras?"
"E você acha que ele consegue puxar o peso por cem metros inteiros?"

Thornton respondió con frialdad: «Sí. Buck es lo suficientemente bueno como para hacerlo».
Thornton respondeu friamente: "Sim. Buck é cachorro o suficiente para fazer isso."

"Pondrá mil libras en movimiento y las arrastrará cien yardas".
"Ele coloca 450 quilos em movimento e puxa por cem metros."

Matthewson sonrió lentamente y se aseguró de que todos los hombres escucharan sus palabras.
Matthewson sorriu lentamente e fez questão de que todos os homens ouvissem suas palavras.

Tengo mil dólares que dicen que no puede. Ahí está.
"Tenho mil dólares que dizem que ele não pode. Aí está."

Arrojó un saco de polvo de oro del tamaño de una salchicha sobre la barra.
Ele jogou um saco de pó de ouro do tamanho de uma salsicha no balcão.

Nadie dijo una palabra. El silencio se hizo denso y tenso a su alrededor.
Ninguém disse uma palavra. O silêncio tornou-se pesado e tenso ao redor deles.

El engaño de Thornton —si es que lo hubo— había sido tomado en serio.
O blefe de Thornton — se é que houve algum — foi levado a sério.

Sintió que el calor le subía a la cara mientras la sangre le subía a las mejillas.
Ele sentiu o calor subir ao seu rosto enquanto o sangue subia às suas bochechas.

En ese momento su lengua se había adelantado a su razón.
Sua língua se antecipou à razão naquele momento.

Realmente no sabía si Buck podría mover mil libras.
Ele realmente não sabia se Buck conseguiria movimentar mil libras.

¡Media tonelada! Solo su tamaño le hacía sentir un gran peso en el corazón.

Meia tonelada! Só o tamanho já fazia seu coração pesar.

Tenía fe en la fuerza de Buck y creía que era capaz.

Ele tinha fé na força de Buck e o considerava capaz.

Pero nunca se había enfrentado a un desafío así, no de esta manera.

Mas ele nunca havia enfrentado esse tipo de desafio, não desse jeito.

Una docena de hombres lo observaban en silencio, esperando ver qué haría.

Uma dúzia de homens o observava em silêncio, esperando para ver o que ele faria.

Él no tenía el dinero, ni tampoco Hans ni Pete.

Ele não tinha dinheiro, nem Hans nem Pete.

"Tengo un trineo afuera", dijo Matthewson fría y directamente.

"Tenho um trenó lá fora", disse Matthewson friamente e diretamente.

"Está cargado con veinte sacos de cincuenta libras cada uno, todo de harina.

"Está carregado com vinte sacos de cinquenta libras cada, tudo farinha.

Así que no dejen que un trineo perdido sea su excusa ahora", añadió.

Então não deixe que um trenó perdido seja sua desculpa agora", acrescentou.

Thornton permaneció en silencio. No sabía qué decir.

Thornton ficou em silêncio. Não sabia que palavras dizer.

Miró a su alrededor los rostros sin verlos con claridad.

Ele olhou para os rostos sem vê-los claramente.

Parecía un hombre congelado en sus pensamientos, intentando reiniciarse.

Ele parecia um homem congelado em pensamentos, tentando recomeçar.

Luego vio a Jim O'Brien, un amigo de la época de Mastodon.

Então ele viu Jim O'Brien, um amigo dos tempos do Mastodon.

Ese rostro familiar le dio un coraje que no sabía que tenía.

Aquele rosto familiar lhe deu uma coragem que ele não sabia que tinha.

Se giró y preguntó en voz baja: "¿Puedes prestarme mil?"

Ele se virou e perguntou em voz baixa: "Você pode me emprestar mil?"

"Claro", dijo O'Brien, dejando caer un pesado saco junto al oro.

"Claro", disse O'Brien, deixando cair um saco pesado perto do ouro.

"Pero la verdad, John, no creo que la bestia pueda hacer esto".

"Mas, sinceramente, John, não acredito que a fera possa fazer isso."

Todos los que estaban en el Eldorado Saloon corrieron hacia afuera para ver el evento.

Todos no Eldorado Saloon correram para fora para ver o evento.

Abandonaron las mesas y las bebidas, e incluso los juegos se pausaron.

Eles deixaram mesas e bebidas, e até os jogos foram pausados.

Comerciantes y jugadores acudieron para presenciar el final de la audaz apuesta.

Crupiês e apostadores vieram testemunhar o fim daquela aposta ousada.

Cientos de personas se reunieron alrededor del trineo en la calle helada y abierta.

Centenas de pessoas se reuniram ao redor do trenó na rua gelada.

El trineo de Matthewson estaba cargado con un montón de sacos de harina.

O trenó de Matthewson estava carregado de sacos de farinha.

El trineo había permanecido parado durante horas a temperaturas bajo cero.

O trenó ficou parado por horas em temperaturas negativas.

Los patines del trineo estaban congelados y pegados a la nieve compacta.

Os patins do trenó estavam congelados na neve compactada.

Los hombres ofrecieron dos a uno de que Buck no podría mover el trineo.

Os homens deram chances de dois para um de que Buck não conseguiria mover o trenó.

Se desató una disputa sobre lo que realmente significaba "break out".

Surgiu uma disputa sobre o que "sair" realmente significava.

O'Brien dijo que Thornton debería aflojar la base congelada del trineo.

O'Brien disse que Thornton deveria soltar a base congelada do trenó.

Buck pudo entonces "escapar" de un comienzo sólido e inmóvil.

Buck poderia então "sair" de um início sólido e imóvel.

Matthewson argumentó que el perro también debe liberar a los corredores.

Matthewson argumentou que o cão também deve libertar os corredores.

Los hombres que habían escuchado la apuesta estuvieron de acuerdo con la opinión de Matthewson.

Os homens que ouviram a aposta concordaram com a opinião de Matthewson.

Con esa decisión, las probabilidades aumentaron a tres a uno en contra de Buck.

Com essa decisão, as probabilidades saltaram para três para um contra Buck.

Nadie se animó a asumir las crecientes probabilidades de tres a uno.

Ninguém se apresentou para aproveitar as crescentes probabilidades de três para um.

Ningún hombre creyó que Buck pudiera realizar la gran hazaña.

Nenhum homem acreditou que Buck conseguiria realizar o grande feito.

Thornton se había apresurado a hacer la apuesta, cargado de dudas.

Thornton foi levado às pressas para a aposta, cheio de dúvidas.

Ahora miró el trineo y el equipo de diez perros que estaba a su lado.

Agora ele olhava para o trenó e para a equipe de dez cães ao lado dele.

Ver la realidad de la tarea la hizo parecer más imposible.

Ver a realidade da tarefa fez com que ela parecesse ainda mais impossível.

Matthewson estaba lleno de orgullo y confianza en ese momento.

Matthewson estava cheio de orgulho e confiança naquele momento.

—¡Tres a uno! —gritó—. ¡Apuesto mil más, Thornton!

"Três contra um!", gritou ele. "Aposto mais mil, Thornton!

"¿Qué dices?" añadió lo suficientemente alto para que todos lo oyeran.

O que você diz?" ele acrescentou, alto o suficiente para todos ouvirem.

El rostro de Thornton mostraba sus dudas, pero su ánimo se había elevado.

O rosto de Thornton mostrava suas dúvidas, mas seu espírito estava elevado.

Ese espíritu de lucha ignoraba las probabilidades y no temía a nada en absoluto.

Esse espírito de luta ignorou as probabilidades e não temeu nada.

Llamó a Hans y Pete para que trajeran todo su dinero a la mesa.

Ele chamou Hans e Pete para trazerem todo o dinheiro para a mesa.

Les quedaba poco: sólo doscientos dólares en total.

Eles tinham pouco mais: apenas duzentos dólares no total.

Esta pequeña suma constituía su fortuna total en tiempos difíciles.

Essa pequena quantia era toda a sua fortuna durante os tempos difíceis.

Aún así, apostaron toda su fortuna contra la apuesta de Matthewson.

Mesmo assim, eles apostaram toda a fortuna contra Matthewson.

El equipo de diez perros fue desenganchado y se alejó del trineo.

O grupo de dez cães foi desatrelado e se afastou do trenó.

Buck fue colocado en las riendas, vistiendo su arnés familiar.

Buck foi colocado nas rédeas, usando seu arreio familiar.

Había captado la energía de la multitud y sentía la tensión.

Ele captou a energia da multidão e sentiu a tensão.

De alguna manera, sabía que tenía que hacer algo por John Thornton.

De alguma forma, ele sabia que tinha que fazer algo por John Thornton.

La gente murmuraba con admiración ante la orgullosa figura del perro.

As pessoas murmuravam com admiração diante da figura orgulhosa do cão.

Era delgado y fuerte, sin un solo gramo de carne extra.

Ele era magro e forte, sem um único grama de carne extra.

Su peso total de ciento cincuenta libras era todo potencia y resistencia.

Seu peso total de cento e cinquenta libras era pura força e resistência.

El pelaje de Buck brillaba como la seda, espeso y saludable.

O pelo de Buck brilhava como seda, espesso, saudável e forte.

El pelaje a lo largo de su cuello y hombros pareció levantarse y erizarse.

Os pelos ao longo do pescoço e dos ombros dele pareciam se levantar e eriçar.

Su melena se movía levemente, cada cabello vivo con su gran energía.

Sua juba se movia levemente, cada fio de cabelo transbordando de sua grande energia.

Su pecho ancho y sus piernas fuertes hacían juego con su cuerpo pesado y duro.

Seu peito largo e pernas fortes combinavam com sua estrutura pesada e resistente.

Los músculos se ondulaban bajo su abrigo, tensos y firmes como hierro.

Os músculos ondulavam sob seu casaco, tensos e firmes como ferro.

Los hombres lo tocaron y juraron que estaba construido como una máquina de acero.

Os homens o tocaram e juraram que ele era construído como uma máquina de aço.

Las probabilidades bajaron levemente a dos a uno contra el gran perro.

As probabilidades caíram ligeiramente para duas para uma contra o grande cão.

Un hombre de los bancos Skookum se adelantó, tartamudeando.

Um homem dos Skookum Benches avançou, gaguejando.

—¡Bien, señor! ¡Ofrezco ochocientas libras por él, antes del examen, señor!

— Ótimo, senhor! Ofereço oitocentos por ele... antes do teste, senhor!

"¡Ochocientos, tal como está ahora mismo!" insistió el hombre.

"Oitocentos, pelo valor que ele tem agora!", insistiu o homem.

Thornton dio un paso adelante, sonrió y meneó la cabeza con calma.

Thornton deu um passo à frente, sorriu e balançou a cabeça calmamente.

Matthewson intervino rápidamente con una voz de advertencia y el ceño fruncido.

Matthewson interveio rapidamente com uma voz de advertência e uma carranca.

—Debes alejarte de él —dijo—. Dale espacio.

"Você precisa se afastar dele", disse ele. "Dê espaço a ele."

La multitud quedó en silencio; sólo los jugadores seguían ofreciendo dos a uno.

A multidão ficou em silêncio; apenas os apostadores ainda ofereciam apostas de dois para um.

Todos admiraban la complexión de Buck, pero la carga parecía demasiado grande.

Todos admiravam o porte físico de Buck, mas a carga parecia grande demais.

Veinte sacos de harina, cada uno de cincuenta libras de peso, parecían demasiados.

Vinte sacos de farinha — cada um pesando vinte e cinco quilos — pareciam muito.

Nadie estaba dispuesto a abrir su bolsa y arriesgar su dinero.

Ninguém estava disposto a abrir a bolsa e arriscar seu dinheiro.

Thornton se arrodilló junto a Buck y tomó su cabeza con ambas manos.

Thornton se ajoelhou ao lado de Buck e segurou sua cabeça com as duas mãos.

Presionó su mejilla contra la de Buck y le habló al oído.

Ele pressionou sua bochecha contra a de Buck e falou em seu ouvido.

Ya no había apretones juguetones ni susurros de insultos amorosos.

Agora não havia mais apertos de mão brincalhões nem insultos carinhosos sussurrados.

Él sólo murmuró suavemente: "Tanto como me amas, Buck".

Ele apenas murmurou suavemente: "Tanto quanto você me ama, Buck."

Buck dejó escapar un gemido silencioso, su entusiasmo apenas fue contenido.

Buck soltou um gemido baixo, sua ânsia mal contida.

Los espectadores observaron con curiosidad cómo la tensión llenaba el aire.

Os espectadores observavam com curiosidade enquanto a tensão preenchia o ar.

El momento parecía casi irreal, como algo más allá de la razón.

O momento parecia quase irreal, como algo além da razão.

Cuando Thornton se puso de pie, Buck tomó suavemente su mano entre sus mandíbulas.

Quando Thornton se levantou, Buck gentilmente pegou sua mão entre suas mandíbulas.

Presionó con los dientes y luego lo soltó lenta y suavemente.

Ele pressionou com os dentes e depois soltou lenta e gentilmente.

Fue una respuesta silenciosa de amor, no dicha, pero entendida.

Foi uma resposta silenciosa de amor, não falada, mas compreendida.

Thornton se alejó bastante del perro y dio la señal.

Thornton se afastou bem do cachorro e deu o sinal.

—Ahora, Buck —dijo, y Buck respondió con calma y concentración.

"Agora, Buck", ele disse, e Buck respondeu com calma e foco.

Buck apretó las correas y luego las aflojó unos centímetros.

Buck apertou os trilhos e depois os afrouxou alguns centímetros.

Éste era el método que había aprendido; su manera de romper el trineo.

Esse era o método que ele havia aprendido; sua maneira de quebrar o trenó.

—¡Caramba! —gritó Thornton con voz aguda en el pesado silencio.

"Nossa!" Thornton gritou, sua voz aguda no silêncio pesado.

Buck giró hacia la derecha y se lanzó con todo su peso.

Buck virou para a direita e investiu com todo o seu peso.

La holgura desapareció y la masa total de Buck golpeó las cuerdas apretadas.

A folga desapareceu, e toda a massa de Buck atingiu os trilhos apertados.

El trineo tembló y los patines produjeron un crujido crujiente.

O trenó tremeu, e os patins fizeram um som de estalo.

—¡Ja! —ordenó Thornton, cambiando nuevamente la dirección de Buck.

"Haw!" Thornton ordenou, mudando novamente a direção de Buck.

Buck repitió el movimiento, esta vez tirando bruscamente hacia la izquierda.

Buck repetiu o movimento, dessa vez puxando bruscamente para a esquerda.

El trineo crujió más fuerte y los patines crujieron y se movieron.

O trenó estalava mais alto, os patins estalavam e se deslocavam.

La pesada carga se deslizó ligeramente hacia un lado sobre la nieve congelada.

A carga pesada deslizou ligeiramente para o lado na neve congelada.

¡El trineo se había soltado del sendero helado!

O trenó se soltou das garras da trilha gelada!

Los hombres contenían la respiración, sin darse cuenta de que ni siquiera estaban respirando.

Os homens prenderam a respiração, sem perceber que nem estavam respirando.

—¡Ahora, TIRA! —gritó Thornton a través del silencio helado.

"Agora, PUXE!" Thornton gritou através do silêncio congelado.

La orden de Thornton sonó aguda, como el chasquido de un látigo.

O comando de Thornton soou agudo, como o estalo de um chicote.

Buck se lanzó hacia adelante con una estocada feroz y estremecedora.

Buck se lançou para frente com um golpe violento e brusco.

Todo su cuerpo se tensó y se arrugó por la enorme tensión.

Todo o seu corpo ficou tenso e encolhido devido ao esforço intenso.

Los músculos se ondulaban bajo su pelaje como serpientes que cobraban vida.

Os músculos ondulavam sob seu pelo como serpentes ganhando vida.

Su gran pecho estaba bajo y la cabeza estirada hacia delante, hacia el trineo.

Seu grande peito estava baixo e sua cabeça estava esticada para frente, em direção ao trenó.

Sus patas se movían como un rayo y sus garras cortaban el suelo helado.

Suas patas se moviam como relâmpagos, garras cortando o chão congelado.

Los surcos se abrieron profundos mientras luchaba por cada centímetro de tracción.

Os sulcos foram profundos enquanto ele lutava por cada centímetro de tração.

El trineo se balanceó, tembló y comenzó un movimiento lento e inquieto.

O trenó balançou, tremeu e começou um movimento lento e desconfortável.

Un pie resbaló y un hombre entre la multitud gimió en voz alta.

Um pé escorregou, e um homem na multidão gemeu alto.

Entonces el trineo se lanzó hacia adelante con un movimiento brusco y espasmódico.

Então o trenó avançou num movimento brusco e brusco.

No se detuvo de nuevo: media pulgada... una pulgada... dos pulgadas más.

E não parou mais — mais um centímetro...um centímetro...cinco centímetros.

Los tirones se hicieron más pequeños a medida que el trineo empezó a ganar velocidad.

Os solavancos diminuíram à medida que o trenó começou a ganhar velocidade.

Pronto Buck estaba tirando con una potencia suave, uniforme y rodante.

Logo Buck estava puxando com uma força suave e uniforme.

Los hombres jadearon y finalmente recordaron respirar de nuevo.

Os homens ofegaram e finalmente se lembraram de respirar novamente.

No se habían dado cuenta de que su respiración se había detenido por el asombro.

Eles não perceberam que pararam de respirar devido ao espanto.

Thornton corrió detrás, gritando órdenes breves y alegres.

Thornton correu atrás, gritando comandos curtos e alegres.

Más adelante había una pila de leña que marcaba la distancia.

À frente havia uma pilha de lenha que marcava a distância.

A medida que Buck se acercaba a la pila, los vítores se hacían cada vez más fuertes.

À medida que Buck se aproximava da pilha, os aplausos ficavam cada vez mais altos.

Los aplausos aumentaron hasta convertirse en un rugido cuando Buck pasó el punto final.

A torcida aumentou e virou um rugido quando Buck passou do ponto final.

Los hombres saltaron y gritaron, incluso Matthewson sonrió.

Homens pularam e gritaram, até Matthewson abriu um sorriso.

Los sombreros volaron por el aire y los guantes fueron arrojados sin pensar ni rumbo.

Chapéus voavam no ar, luvas eram atiradas sem pensar ou mirar.

Los hombres se abrazaron y se dieron la mano sin saber a quién.

Os homens se agarravam e apertavam as mãos sem saber quem era.

Toda la multitud vibró en una celebración salvaje y alegre.

A multidão inteira vibrava em uma celebração selvagem e alegre.

Thornton cayó de rodillas junto a Buck con manos temblorosas.

Thornton caiu de joelhos ao lado de Buck com as mãos trêmulas.

Apretó su cabeza contra la de Buck y lo sacudió suavemente hacia adelante y hacia atrás.

Ele pressionou a cabeça contra a de Buck e o sacudiu gentilmente para frente e para trás.

Los que se acercaron le oyeron maldecir al perro con silencioso amor.

Aqueles que se aproximaram ouviram-no amaldiçoar o cão com amor silencioso.

Maldijo a Buck durante un largo rato, suavemente, cálidamente, con emoción.

Ele xingou Buck por um longo tempo — suavemente, calorosamente, com emoção.

—¡Bien, señor! ¡Bien, señor! —gritó el rey del Banco Skookum a toda prisa.

"Bom, senhor! Bom, senhor!", gritou o rei do Banco Skookum apressadamente.

—¡Le daré mil, no, mil doscientos, por ese perro, señor!

"Eu lhe darei mil — não, mil e duzentos — por esse cachorro, senhor!"

Thornton se puso de pie lentamente, con los ojos brillantes de emoción.

Thornton levantou-se lentamente, com os olhos brilhando de emoção.

Las lágrimas corrían abiertamente por sus mejillas sin ninguna vergüenza.

Lágrimas escorriam abertamente por suas bochechas, sem nenhuma vergonha.

"Señor", le dijo al rey del Banco Skookum, firme y firme.

"Senhor", disse ele ao rei do Banco Skookum, firme e constante

—No, señor. Puede irse al infierno, señor. Esa es mi última respuesta.

"Não, senhor. Pode ir para o inferno, senhor. Essa é a minha resposta final."

Buck agarró suavemente la mano de Thornton con sus fuertes mandíbulas.

Buck agarrou a mão de Thornton gentilmente com suas mandíbulas fortes.

Thornton lo sacudió juguetonamente; su vínculo era más profundo que nunca.

Thornton o sacudiu de brincadeira, seu vínculo era profundo como sempre.

La multitud, conmovida por el momento, retrocedió en silencio.

A multidão, comovida com o momento, recuou em silêncio.

Desde entonces nadie se atrevió a interrumpir tan sagrado afecto.

A partir de então, ninguém ousou interromper tal afeição sagrada.

El sonido de la llamada
O Som do Chamado

Buck había ganado mil seiscientos dólares en cinco minutos.
Buck ganhou mil e seiscentos dólares em cinco minutos.
El dinero permitió a John Thornton pagar algunas de sus deudas.
O dinheiro permitiu que John Thornton pagasse algumas de suas dívidas.
Con el resto del dinero se dirigió al Este con sus socios.
Com o resto do dinheiro, ele foi para o Leste com seus sócios.
Buscaban una legendaria mina perdida, tan antigua como el país mismo.
Eles procuraram uma lendária mina perdida, tão antiga quanto o próprio país.
Muchos hombres habían buscado la mina, pero pocos la habían encontrado.
Muitos homens procuraram a mina, mas poucos a encontraram.
Más de unos pocos hombres habían desaparecido durante la peligrosa búsqueda.
Mais do que alguns homens desapareceram durante a perigosa busca.
Esta mina perdida estaba envuelta en misterio y vieja tragedia.
Esta mina perdida estava envolta em mistério e tragédia antiga.
Nadie sabía quién había sido el primer hombre que encontró la mina.
Ninguém sabia quem havia sido o primeiro homem a encontrar a mina.
Las historias más antiguas no mencionan a nadie por su nombre.
As histórias mais antigas não mencionam ninguém pelo nome.
Siempre había habido allí una antigua y destartalada cabaña.
Sempre houve uma cabana antiga e em ruínas ali.

Los hombres moribundos habían jurado que había una mina al lado de aquella vieja cabaña.

Homens moribundos juraram que havia uma mina ao lado daquela velha cabana

Probaron sus historias con oro como ningún otro en ningún otro lugar.

Eles provaram suas histórias com ouro como nenhum outro foi encontrado em nenhum outro lugar.

Ningún alma viviente había jamás saqueado el tesoro de aquel lugar.

Nenhuma alma viva jamais havia saqueado o tesouro daquele lugar.

Los muertos estaban muertos, y los muertos no cuentan historias.

Os mortos estavam mortos, e homens mortos não contam histórias.

Entonces Thornton y sus amigos se dirigieron al Este.

Então Thornton e seus amigos seguiram para o Leste.

Pete y Hans se unieron, trayendo a Buck y seis perros fuertes.

Pete e Hans se juntaram, trazendo Buck e seis cães fortes.

Se embarcaron en un camino desconocido donde otros habían fracasado.

Eles partiram por uma trilha desconhecida onde outros falharam.

Se deslizaron en trineo setenta millas por el congelado río Yukón.

Eles desceram de trenó por 112 quilômetros pelo congelado Rio Yukon.

Giraron a la izquierda y siguieron el sendero hacia Stewart.

Eles viraram à esquerda e seguiram a trilha até o Stewart.

Pasaron Mayo y McQuestion y siguieron adelante.

Eles passaram pelo Mayo e pelo McQuestion e continuaram avançando.

El río Stewart se encogió y se convirtió en un arroyo, atravesando picos irregulares.

O Stewart encolheu até virar um riacho, passando por picos irregulares.

Estos picos afilados marcaban la columna vertebral del continente.

Esses picos agudos marcavam a espinha dorsal do continente.

John Thornton exigía poco a los hombres y a la tierra salvaje.

John Thornton exigia pouco dos homens ou das terras selvagens.

No temía a nada de la naturaleza y se enfrentaba a lo salvaje con facilidad.

Ele não temia nada na natureza e enfrentava a vida selvagem com facilidade.

Con sólo sal y un rifle, podría viajar a donde quisiera.

Com apenas sal e um rifle, ele podia viajar para onde quisesse.

Al igual que los nativos, cazaba alimentos mientras viajaba.

Assim como os nativos, ele caçava para comer enquanto viajava.

Si no pescaba nada, seguía adelante, confiando en que la suerte le acompañaría.

Se não pegasse nada, ele continuava, confiando na sorte.

En este largo viaje, la carne era lo principal que comían.

Nessa longa jornada, a carne era a principal coisa que eles comiam.

El trineo contenía herramientas y municiones, pero no un horario estricto.

O trenó continha ferramentas e munição, mas não havia um cronograma rígido.

A Buck le encantaba este vagabundeo, la caza y la pesca interminables.

Buck adorava essa peregrinação; a caça e a pesca sem fim.

Durante semanas estuvieron viajando día tras día.

Durante semanas eles viajaram dia após dia.

Otras veces montaban campamentos y permanecían allí durante semanas.

Outras vezes eles montavam acampamentos e ficavam parados por semanas.

Los perros descansaron mientras los hombres cavaban en la tierra congelada.

Os cães descansaram enquanto os homens cavavam a terra congelada.

Calentaron sartenes sobre el fuego y buscaron oro escondido.

Eles esquentavam panelas no fogo e procuravam ouro escondido.

Algunos días pasaban hambre y otros días tenían fiestas.

Em alguns dias eles passavam fome, em outros faziam festas.

Sus comidas dependían de la presa y de la suerte de la caza.

Suas refeições dependiam da caça e da sorte da caçada.

Cuando llegaba el verano, los hombres y los perros cargaban cargas sobre sus espaldas.

Quando o verão chegou, homens e cães carregaram cargas nas costas.

Navegaron por lagos azules escondidos en bosques de montaña.

Eles fizeram rafting em lagos azuis escondidos em florestas montanhosas.

Navegaban en delgadas embarcaciones por ríos que ningún hombre había cartografiado jamás.

Eles navegavam em barcos estreitos em rios que nenhum homem jamais havia mapeado.

Esos barcos se construyeron a partir de árboles que cortaban en la naturaleza.

Esses barcos foram construídos com árvores que eles mesmos serraram na natureza.

Los meses pasaron y ellos serpentearon por tierras salvajes y desconocidas.

Os meses se passaram e eles serpentearam pelas terras selvagens e desconhecidas.

No había hombres allí, aunque había rastros antiguos que indicaban que había habido hombres.

Não havia homens lá, mas vestígios antigos indicavam que havia homens.

Si la Cabaña Perdida fue real, entonces otras personas habían pasado por allí alguna vez.

Se a Cabana Perdida fosse real, então outros já teriam passado por aqui.

Cruzaron pasos altos en medio de tormentas de nieve, incluso en verano.

Eles atravessaram passagens altas em meio a nevascas, mesmo durante o verão.

Temblaban bajo el sol de medianoche en las laderas desnudas de las montañas.

Eles tremiam sob o sol da meia-noite nas encostas áridas das montanhas.

Entre la línea de árboles y los campos de nieve, subieron lentamente.

Entre a linha das árvores e os campos de neve, eles escalaram lentamente.

En los valles cálidos, aplastaban nubes de mosquitos y moscas.

Em vales quentes, eles espantavam nuvens de mosquitos e moscas.

Recogieron bayas dulces cerca de los glaciares en plena floración del verano.

Eles colhiam frutas doces perto de geleiras em plena floração do verão.

Las flores que encontraron eran tan hermosas como las de las Tierras del Sur.

As flores que encontraram eram tão lindas quanto as do Sul.

Ese otoño llegaron a una región solitaria llena de lagos silenciosos.

Naquele outono, eles chegaram a uma região solitária cheia de lagos silenciosos.

La tierra estaba triste y vacía, una vez llena de pájaros y bestias.

A terra estava triste e vazia, antes repleta de pássaros e animais.

Ahora no había vida, sólo el viento y el hielo formándose en charcos.

Agora não havia vida, apenas vento e gelo se formando em poças.

Las olas golpeaban las orillas vacías con un sonido suave y triste.

As ondas batiam nas praias vazias com um som suave e triste.

Llegó otro invierno y volvieron a seguir los viejos y tenues senderos.

Chegou outro inverno, e eles seguiram novamente trilhas antigas e tênues.

Éstos eran los rastros de hombres que habían buscado mucho antes que ellos.

Essas eram as trilhas de homens que haviam procurado muito antes deles.

Un día encontraron un camino que se adentraba profundamente en el bosque oscuro.

Certa vez, eles encontraram um caminho aberto bem fundo na floresta escura.

Era un sendero antiguo y sintieron que la cabaña perdida estaba cerca.

Era uma trilha antiga, e eles sentiram que a cabana perdida estava próxima.

Pero el sendero no conducía a ninguna parte y se perdía en el espeso bosque.

Mas a trilha não levava a lugar nenhum e desaparecia na mata fechada.

Nadie sabe quién hizo el sendero ni por qué lo hizo.

Ninguém sabia quem fez a trilha e por que a fez.

Más tarde encontraron los restos de una cabaña escondidos entre los árboles.

Mais tarde, eles encontraram os destroços de uma cabana escondida entre as árvores.

Mantas podridas yacían esparcidas donde alguna vez alguien había dormido.

Cobertores apodrecidos estavam espalhados onde alguém dormiu.

John Thornton encontró una pistola de chispa de cañón largo enterrada en el interior.

John Thornton encontrou uma espingarda de pederneira de cano longo enterrada lá dentro.

Sabía que se trataba de un cañón de la Bahía de Hudson desde los primeros días de su comercialización.

Ele sabia que esta era uma arma da Baía de Hudson desde os primeiros dias de negociação.

En aquella época, estas armas se intercambiaban por montones de pieles de castor.

Naquela época, essas armas eram trocadas por pilhas de peles de castor.

Eso fue todo: no quedó ninguna pista del hombre que construyó el albergue.

Isso foi tudo: não sobrou nenhuma pista do homem que construiu o chalé.

Llegó nuevamente la primavera y no encontraron ninguna señal de la Cabaña Perdida.

A primavera chegou novamente, e eles não encontraram sinal da Cabana Perdida.

En lugar de eso encontraron un valle amplio con un arroyo poco profundo.

Em vez disso, eles encontraram um vale amplo com um riacho raso.

El oro se extendía sobre el fondo de las sartenes como mantequilla suave y amarilla.

O ouro cobria o fundo das panelas como manteiga amarela e lisa.

Se detuvieron allí y no buscaron más la cabaña.

Eles pararam ali e não procuraram mais pela cabana.

Cada día trabajaban y encontraban miles en polvo de oro.

A cada dia eles trabalhavam e encontravam milhares em pó de ouro.

Empaquetaron el oro en bolsas de piel de alce, de cincuenta libras cada una.

Eles embalaram o ouro em sacos de couro de alce, pesando cinquenta libras cada.

Las bolsas estaban apiladas como leña afuera de su pequeña cabaña.

As sacolas estavam empilhadas como lenha do lado de fora de sua pequena cabana.

Trabajaron como gigantes y los días pasaban como sueños rápidos.

Eles trabalharam como gigantes, e os dias passaram como sonhos rápidos.

Acumularon tesoros a medida que los días interminables transcurrían rápidamente.

Eles acumularam tesouros à medida que os dias intermináveis passavam rapidamente.

Los perros no tenían mucho que hacer excepto transportar carne de vez en cuando.

Havia pouco que os cães pudessem fazer, exceto carregar carne de vez em quando.

Thornton cazó y mató el animal, y Buck se quedó tendido junto al fuego.

Thornton caçava e matava a caça, e Buck deitava-se perto do fogo.

Pasó largas horas en silencio, perdido en sus pensamientos y recuerdos.

Ele passou longas horas em silêncio, perdido em pensamentos e memórias.

La imagen del hombre peludo venía cada vez más a la mente de Buck.

A imagem do homem peludo surgia com mais frequência na mente de Buck.

Ahora que el trabajo escaseaba, Buck soñaba mientras parpadeaba ante el fuego.

Agora que o trabalho era escasso, Buck sonhava enquanto piscava para o fogo.

En esos sueños, Buck vagaba con el hombre en otro mundo.

Nesses sonhos, Buck vagava com o homem em outro mundo.

El miedo parecía el sentimiento más fuerte en ese mundo distante.

O medo parecia o sentimento mais forte naquele mundo distante.

Buck vio al hombre peludo dormir con la cabeza gacha.

Buck viu o homem peludo dormir com a cabeça baixa.

Tenía las manos entrelazadas y su sueño era inquieto y entrecortado.

Suas mãos estavam entrelaçadas e seu sono era agitado e interrompido.

Solía despertarse sobresaltado y mirar con miedo hacia la oscuridad.

Ele costumava acordar assustado e olhar com medo para o escuro.

Luego echaba más leña al fuego para mantener la llama brillante.

Então ele jogava mais lenha no fogo para manter a chama acesa.

A veces caminaban por una playa junto a un mar gris e interminable.

Às vezes, eles caminhavam por uma praia perto de um mar cinzento e infinito.

El hombre peludo recogía mariscos y los comía mientras caminaba.

O homem peludo pegou mariscos e os comeu enquanto caminhava.

Sus ojos buscaban siempre peligros ocultos en las sombras.

Seus olhos sempre procuravam perigos escondidos nas sombras.

Sus piernas siempre estaban listas para correr ante la primera señal de amenaza.

Suas pernas estavam sempre prontas para correr ao primeiro sinal de ameaça.

Se arrastraron por el bosque, silenciosos y cautelosos, uno al lado del otro.

Eles rastejaram pela floresta, silenciosos e cautelosos, lado a lado.

Buck lo siguió de cerca y ambos se mantuvieron alerta.

Buck seguiu em seus calcanhares, e ambos permaneceram alertas.

Sus orejas se movían y temblaban, sus narices olfateaban el aire.

Suas orelhas se contraíam e se moviam, seus narizes farejavam o ar.

El hombre podía oír y oler el bosque tan agudamente como Buck.

O homem conseguia ouvir e sentir o cheiro da floresta tão intensamente quanto Buck.

El hombre peludo se balanceó entre los árboles con una velocidad repentina.

O homem peludo passou por entre as árvores com velocidade repentina.

Saltaba de rama en rama sin perder nunca su agarre.

Ele pulava de galho em galho, sem nunca errar o aperto.

Se movió tan rápido sobre el suelo como sobre él.

Ele se movia tão rápido acima do solo quanto sobre ele.

Buck recordó las largas noches bajo los árboles, haciendo guardia.

Buck se lembrava das longas noites sob as árvores, vigiando.

El hombre dormía recostado en las ramas, aferrado fuertemente.

O homem dormia empoleirado nos galhos, agarrado com força.

Esta visión del hombre peludo estaba estrechamente ligada al llamado profundo.

Essa visão do homem peludo estava intimamente ligada ao chamado profundo.

El llamado aún resonaba en el bosque con una fuerza inquietante.

O chamado ainda soava pela floresta com uma força assustadora.

La llamada llenó a Buck de anhelo y una inquieta sensación de alegría.

O chamado encheu Buck de saudade e uma inquieta sensação de alegria.

Sintió impulsos y agitaciones extrañas que no podía nombrar.

Ele sentiu impulsos e agitações estranhas que não conseguia nomear.

A veces seguía la llamada hasta lo profundo del tranquilo bosque.

Às vezes ele seguia o chamado até as profundezas da floresta silenciosa.

Buscó el llamado, ladrando suave o agudamente mientras caminaba.

Ele procurou o chamado, latindo baixinho ou estridentemente enquanto avançava.

Olfateó el musgo y la tierra negra donde crecían las hierbas.

Ele cheirou o musgo e a terra preta onde a grama crescia.

Resopló de alegría ante los ricos olores de la tierra profunda.

Ele bufou de prazer ao sentir os cheiros ricos da terra profunda.

Se agazapó durante horas detrás de troncos cubiertos de hongos.

Ele ficou agachado por horas atrás de troncos cobertos de fungos.

Se quedó quieto, escuchando con los ojos muy abiertos cada pequeño sonido.

Ele ficou parado, ouvindo com os olhos arregalados cada pequeno som.

Quizás esperaba sorprender al objeto que le había hecho el llamado.

Ele pode ter esperado surpreender a coisa que deu o sinal.

Él no sabía por qué actuaba así: simplemente lo hacía.

Ele não sabia por que agia dessa maneira, ele simplesmente agia.

Los impulsos venían desde lo más profundo, más allá del pensamiento o la razón.

Os impulsos vinham de dentro, além do pensamento ou da razão.

Impulsos irresistibles se apoderaron de Buck sin previo aviso ni razón.

Desejos irresistíveis tomaram conta de Buck sem aviso ou razão.

A veces dormitaba perezosamente en el campamento bajo el calor del mediodía.

Às vezes ele cochilava preguiçosamente no acampamento sob o calor do meio-dia.

De repente, su cabeza se levantó y sus orejas se levantaron en alerta.

De repente, sua cabeça se levantou e suas orelhas ficaram em alerta.

Entonces se levantó de un salto y se lanzó hacia lo salvaje sin detenerse.

Então ele saltou e correu para a natureza sem parar.

Corrió durante horas por senderos forestales y espacios abiertos.

Ele correu por horas por trilhas na floresta e espaços abertos.

Le encantaba seguir los lechos de los arroyos secos y espiar a los pájaros en los árboles.

Ele adorava seguir leitos de riachos secos e espiar pássaros nas árvores.

Podría permanecer escondido todo el día, mirando a las perdices pavonearse.

Ele poderia ficar escondido o dia todo, observando as perdizes passeando por ali.

Ellos tamborilearon y marcharon, sin percatarse de la presencia todavía de Buck.

Eles tocaram tambores e marcharam, sem perceber a presença de Buck.

Pero lo que más le gustaba era correr al atardecer en verano.

Mas o que ele mais amava era correr no crepúsculo do verão.

La tenue luz y los sonidos soñolientos del bosque lo llenaron de alegría.

A luz fraca e os sons sonolentos da floresta o encheram de alegria.

Leyó las señales del bosque tan claramente como un hombre lee un libro.

Ele leu os sinais da floresta tão claramente quanto um homem lê um livro.

Y siempre buscaba aquella cosa extraña que lo llamaba.

E ele sempre procurou pela coisa estranha que o chamava.

Ese llamado nunca se detuvo: lo alcanzaba despierto o dormido.

Esse chamado nunca parou — ele o alcançava acordado ou dormindo.

Una noche, se despertó sobresaltado, con los ojos alerta y las orejas alerta.

Certa noite, ele acordou assustado, com os olhos aguçados e as orelhas em pé.

Sus fosas nasales se crisparon mientras su melena se erizaba en ondas.

Suas narinas se contraíram enquanto sua crina ficou eriçada em ondas.

Desde lo profundo del bosque volvió a oírse el sonido, el viejo llamado.

Das profundezas da floresta veio o som novamente, o velho chamado.

Esta vez el sonido sonó claro, un aullido largo, inquietante y familiar.

Desta vez o som soou claramente, um uivo longo, assustador e familiar.

Era como el grito de un husky, pero extraño y salvaje en tono.

Era como o grito de um husky, mas com um tom estranho e selvagem.

Buck reconoció el sonido al instante: había oído exactamente el mismo sonido hacía mucho tiempo.

Buck reconheceu o som imediatamente — ele já tinha ouvido o som exato há muito tempo.

Saltó a través del campamento y desapareció rápidamente en el bosque.

Ele saltou pelo acampamento e desapareceu rapidamente na floresta.

A medida que se acercaba al sonido, disminuyó la velocidad y se movió con cuidado.

À medida que se aproximava do som, ele diminuiu o ritmo e se moveu com cuidado.

Pronto llegó a un claro entre espesos pinos.

Logo ele chegou a uma clareira entre densos pinheiros.

Allí, erguido sobre sus cuartos traseros, estaba sentado un lobo de bosque alto y delgado.

Ali, ereto sobre os calcanhares, estava sentado um lobo alto e magro.

La nariz del lobo apuntaba hacia el cielo, todavía haciendo eco del llamado.

O focinho do lobo apontou para o céu, ainda ecoando o chamado.

Buck no había emitido ningún sonido, pero el lobo se detuvo y escuchó.

Buck não fez nenhum som, mas o lobo parou e escutou.

Sintiendo algo, el lobo se tensó y buscó en la oscuridad.

Sentindo algo, o lobo ficou tenso, procurando na escuridão.

Buck apareció sigilosamente, con el cuerpo agachado y los pies quietos sobre el suelo.

Buck apareceu sorrateiramente, com o corpo abaixado e os pés quietos no chão.

Su cola estaba recta y su cuerpo enroscado por la tensión.

Seu rabo estava reto, seu corpo estava tenso e encolhido.

Mostró al mismo tiempo una amenaza y una especie de amistad ruda.

Ele demonstrou tanto ameaça quanto uma espécie de amizade rude.

Fue el saludo cauteloso que compartían las bestias salvajes.

Era a saudação cautelosa compartilhada pelos animais selvagens.

Pero el lobo se dio la vuelta y huyó tan pronto como vio a Buck.

Mas o lobo se virou e fugiu assim que viu Buck.

Buck lo persiguió, saltando salvajemente, ansioso por alcanzarlo.

Buck o perseguiu, saltando descontroladamente, ansioso para alcançá-lo.

Siguió al lobo hasta un arroyo seco bloqueado por un atasco de madera.

Ele seguiu o lobo até um riacho seco bloqueado por um congestionamento de madeira.

Acorralado, el lobo giró y se mantuvo firme.

Encurralado, o lobo girou e se manteve firme.

El lobo gruñó y mordió a su presa como un perro husky atrapado en una pelea.

O lobo rosnou e mordeu como um cão husky encurralado em uma briga.

Los dientes del lobo chasquearon rápidamente y su cuerpo se erizó de furia salvaje.

Os dentes do lobo estalaram rapidamente, seu corpo eriçado de fúria selvagem.

Buck no atacó, sino que rodeó al lobo con cautelosa amabilidad.

Buck não atacou, mas circulou o lobo com cautelosa amizade.

Intentó bloquear su escape con movimientos lentos e inofensivos.

Ele tentou bloquear sua fuga com movimentos lentos e inofensivos.

El lobo estaba cauteloso y asustado: Buck pesaba tres veces más que él.

O lobo estava cauteloso e assustado — Buck era três vezes mais pesado que ele.

La cabeza del lobo apenas llegaba hasta el enorme hombro de Buck.

A cabeça do lobo mal alcançava o enorme ombro de Buck.

Al acecho de un hueco, el lobo salió disparado y la persecución comenzó de nuevo.

Observando uma brecha, o lobo disparou e a perseguição começou novamente.

Varias veces Buck lo acorraló y el baile se repitió.

Várias vezes Buck o encurralou e a dança se repetiu.

El lobo estaba delgado y débil, de lo contrario Buck no podría haberlo atrapado.

O lobo era magro e fraco, ou Buck não o teria capturado.

Cada vez que Buck se acercaba, el lobo giraba y lo enfrentaba con miedo.

Cada vez que Buck se aproximava, o lobo girava e o encarava com medo.

Luego, a la primera oportunidad, se lanzó de nuevo al bosque.

Então, na primeira oportunidade, ele correu para a floresta mais uma vez.

Pero Buck no se dio por vencido y finalmente el lobo comenzó a confiar en él.

Mas Buck não desistiu e, finalmente, o lobo passou a confiar nele.

Olió la nariz de Buck y los dos se pusieron juguetones y alertas.

Ele cheirou o nariz de Buck, e os dois ficaram brincalhões e alertas.

Jugaban como animales salvajes, feroces pero tímidos en su alegría.

Eles brincavam como animais selvagens, ferozes, mas tímidos em sua alegria.

Después de un rato, el lobo se alejó trotando con calma y propósito.

Depois de um tempo, o lobo saiu trotando com calma e determinação.

Le demostró claramente a Buck que tenía la intención de que lo siguieran.

Ele mostrou claramente a Buck que queria ser seguido.

Corrieron uno al lado del otro a través de la penumbra del crepúsculo.

Eles correram lado a lado na penumbra do crepúsculo.

Siguieron el lecho del arroyo hasta el desfiladero rocoso.

Eles seguiram o leito do riacho até o desfiladeiro rochoso.

Cruzaron una divisoria fría donde había comenzado el arroyo.

Eles cruzaram uma divisão fria onde o riacho havia começado.

En la ladera más alejada encontraron un extenso bosque y numerosos arroyos.

Na encosta mais distante, eles encontraram uma ampla floresta e muitos riachos.

Por esta vasta tierra corrieron durante horas sin parar.

Por esta vasta terra, eles correram por horas sem parar.

El sol salió más alto, el aire se calentó, pero ellos siguieron corriendo.

O sol nasceu mais alto, o ar ficou mais quente, mas eles continuaram correndo.

Buck estaba lleno de alegría: sabía que estaba respondiendo a su llamado.

Buck estava cheio de alegria, pois sabia que estava respondendo ao seu chamado.

Corrió junto a su hermano del bosque, más cerca de la fuente del llamado.

Ele correu ao lado de seu irmão da floresta, mais perto da fonte do chamado.

Los viejos sentimientos regresaron, poderosos y difíciles de ignorar.

Velhos sentimentos retornaram, poderosos e difíceis de ignorar.

Éstas eran las verdades detrás de los recuerdos de sus sueños.

Essas eram as verdades por trás das memórias dos seus sonhos.

Todo esto ya lo había hecho antes, en un mundo distante y sombrío.

Ele já havia feito tudo isso antes em um mundo distante e sombrio.

Ahora lo hizo de nuevo, corriendo salvajemente con el cielo abierto encima.

Agora ele fez isso de novo, correndo solto com o céu aberto acima.

Se detuvieron en un arroyo para beber del agua fría que fluía.

Eles pararam em um riacho para beber da água fria que corria.

Mientras bebía, Buck de repente recordó a John Thornton.

Enquanto bebia, Buck de repente se lembrou de John Thornton.

Se sentó en silencio, desgarrado por la atracción de la lealtad y el llamado.

Ele sentou-se em silêncio, dilacerado pela atração da lealdade e do chamado.

El lobo siguió trotando, pero regresó para impulsar a Buck a seguir adelante.

O lobo trotou, mas voltou para incitar Buck a avançar.

Le olisqueó la nariz y trató de convencerlo con gestos suaves.

Ele cheirou o nariz e tentou persuadi-lo com gestos suaves.

Pero Buck se dio la vuelta y comenzó a regresar por donde había venido.

Mas Buck se virou e começou a retornar pelo mesmo caminho que veio.

El lobo corrió a su lado durante un largo rato, gimiendo silenciosamente.

O lobo correu ao lado dele por um longo tempo, ganindo baixinho.

Luego se sentó, levantó la nariz y dejó escapar un largo aullido.

Então ele se sentou, levantou o nariz e soltou um longo uivo.

Fue un grito triste, que se suavizó cuando Buck se alejó.

Era um grito triste, que foi diminuindo à medida que Buck se afastava.

Buck escuchó mientras el sonido del grito se desvanecía lentamente en el silencio del bosque.

Buck ouviu enquanto o som do grito desaparecia lentamente no silêncio da floresta.

John Thornton estaba cenando cuando Buck irrumpió en el campamento.

John Thornton estava jantando quando Buck invadiu o acampamento.

Buck saltó sobre él salvajemente, lamiéndolo, mordiéndolo y haciéndolo caer.

Buck saltou sobre ele descontroladamente, lambendo, mordendo e derrubando-o.

Lo derribó, se subió encima y le besó la cara.

Ele o derrubou, subiu em cima dele e beijou seu rosto.

Thornton lo llamó con cariño "hacer el tonto en general".

Thornton chamou isso de "bancar o bobo comum" com carinho.

Mientras tanto, maldijo a Buck suavemente y lo sacudió de un lado a otro.

Durante todo o tempo, ele amaldiçoava Buck gentilmente e o sacudia para frente e para trás.

Durante dos días y dos noches enteras, Buck no abandonó el campamento ni una sola vez.

Durante dois dias e duas noites inteiras, Buck não saiu do acampamento nem uma vez.

Se mantuvo cerca de Thornton y nunca lo perdió de vista.

Ele ficava perto de Thornton e nunca o perdia de vista.

Lo siguió mientras trabajaba y lo observó mientras comía.

Ele o seguia enquanto ele trabalhava e o observava enquanto ele comia.

Acompañaba a Thornton con sus mantas por la noche y lo salía cada mañana.

Ele via Thornton enrolado em seus cobertores à noite e fora todas as manhãs.

Pero pronto el llamado del bosque regresó, más fuerte que nunca.

Mas logo o chamado da floresta retornou, mais alto do que nunca.

Buck volvió a inquietarse, agitado por los pensamientos del lobo salvaje.

Buck ficou inquieto novamente, agitado pelos pensamentos sobre o lobo selvagem.

Recordó el terreno abierto y correr uno al lado del otro.

Ele se lembrou do terreno aberto e de correr lado a lado.

Comenzó a vagar por el bosque una vez más, solo y alerta.

Ele começou a vagar pela floresta mais uma vez, sozinho e alerta.

Pero el hermano salvaje no regresó y el aullido no se escuchó.

Mas o irmão selvagem não retornou, e o uivo não foi ouvido.

Buck comenzó a dormir a la intemperie, manteniéndose alejado durante días.

Buck começou a dormir do lado de fora, ficando fora por vários dias.

Una vez cruzó la alta divisoria donde había comenzado el arroyo.

Certa vez, ele cruzou a alta divisão onde o riacho havia começado.

Entró en la tierra de la madera oscura y de los arroyos anchos y fluidos.

Ele entrou na terra das madeiras escuras e dos largos riachos.

Durante una semana vagó en busca de señales del hermano salvaje.

Por uma semana ele vagou, procurando por sinais do irmão selvagem.

Mataba su propia carne y viajaba con pasos largos e incansables.

Ele matou sua própria carne e viajou com passos longos e incansáveis.

Pescaba salmón en un ancho río que llegaba al mar.

Ele pescava salmão em um rio largo que chegava ao mar.

Allí luchó y mató a un oso negro enloquecido por los insectos.

Lá, ele lutou e matou um urso preto enlouquecido por insetos.

El oso estaba pescando y corrió ciegamente entre los árboles.

O urso estava pescando e correu cegamente entre as árvores.

La batalla fue feroz y despertó el profundo espíritu de lucha de Buck.

A batalha foi feroz, despertando o profundo espírito de luta de Buck.

Dos días después, Buck regresó y encontró glotones en su presa.

Dois dias depois, Buck retornou e encontrou carcajus em sua caça.

Una docena de ellos se pelearon con furia y ruidosidad por la carne.

Uma dúzia deles discutiu pela carne em fúria barulhenta.

Buck cargó y los dispersó como hojas en el viento.

Buck atacou e os dispersou como folhas ao vento.

Dos lobos permanecieron atrás, silenciosos, sin vida e inmóviles para siempre.

Dois lobos ficaram para trás — silenciosos, sem vida e imóveis para sempre.

La sed de sangre se hizo más fuerte que nunca.

A sede de sangue ficou mais forte do que nunca.

Buck era un cazador, un asesino, que se alimentaba de criaturas vivas.

Buck era um caçador, um assassino, alimentando-se de criaturas vivas.

Sobrevivió solo, confiando en su fuerza y sus sentidos agudos.

Ele sobreviveu sozinho, confiando em sua força e sentidos aguçados.

Prosperó en la naturaleza, donde sólo los más resistentes podían vivir.

Ele prosperou na natureza, onde somente os mais resistentes conseguiam sobreviver.

A partir de esto, un gran orgullo surgió y llenó todo el ser de Buck.

Disso surgiu um grande orgulho que preencheu todo o ser de Buck.

Su orgullo se reflejaba en cada uno de sus pasos, en el movimiento de cada músculo.

Seu orgulho transparecia em cada passo, na ondulação de cada músculo.

Su orgullo era tan claro como sus palabras, y se reflejaba en su manera de comportarse.

Seu orgulho era tão claro quanto a fala, visto na maneira como ele se portava.

Incluso su grueso pelaje parecía más majestuoso y brillaba más.

Até mesmo seu pelo grosso parecia mais majestoso e brilhava mais.

Buck podría haber sido confundido con un lobo gigante.

Buck poderia ter sido confundido com um lobo gigante.

A excepción del color marrón en el hocico y las manchas sobre los ojos.

Exceto pelo marrom no focinho e manchas acima dos olhos.

Y la raya blanca de pelo que corría por el centro de su pecho.

E a faixa branca de pelo que corria no meio do seu peito.

Era incluso más grande que el lobo más grande de esa feroz raza.

Ele era ainda maior que o maior lobo daquela raça feroz.

Su padre, un San Bernardo, le dio tamaño y complexión robusta.

Seu pai, um São Bernardo, lhe deu tamanho e estrutura robusta.

Su madre, una pastora, moldeó esa masa hasta darle forma de lobo.

Sua mãe, uma pastora, moldou aquele corpo em forma de lobo.

Tenía el hocico largo de un lobo, aunque más pesado y ancho.

Ele tinha o focinho longo de um lobo, porém mais pesado e largo.

Su cabeza era la de un lobo, pero construida en una escala enorme y majestuosa.

Sua cabeça era de lobo, mas construída em uma escala enorme e majestosa.

La astucia de Buck era la astucia del lobo y de la naturaleza.

A astúcia de Buck era a astúcia do lobo e da natureza.

Su inteligencia provenía tanto del pastor alemán como del san bernardo.

Sua inteligência veio tanto do pastor alemão quanto do São Bernardo.

Todo esto, más la dura experiencia, lo convirtieron en una criatura temible.

Tudo isso, somado a uma experiência difícil, fez dele uma criatura assustadora.

Era tan formidable como cualquier bestia que vagaba por las tierras salvajes del norte.

Ele era tão formidável quanto qualquer animal que vagava pela natureza selvagem do norte.

Viviendo sólo de carne, Buck alcanzó el máximo nivel de su fuerza.

Vivendo apenas de carne, Buck atingiu o auge de sua força.

Rebosaba poder y fuerza masculina en cada fibra de él.

Ele transbordava poder e força masculina em cada fibra dele.

Cuando Thornton le acarició la espalda, sus pelos brillaron con energía.

Quando Thornton acariciou suas costas, os pelos brilharam com energia.

Cada cabello crujió, cargado con el toque de un magnetismo vivo.

Cada fio de cabelo estalava, carregado com o toque do magnetismo vivo.

Su cuerpo y su cerebro estaban afinados al máximo nivel posible.

Seu corpo e cérebro estavam sintonizados na melhor afinação possível.

Cada nervio, fibra y músculo trabajaba en perfecta armonía.

Cada nervo, fibra e músculo funcionava em perfeita harmonia.

Ante cualquier sonido o visión que requiriera acción, él respondía instantáneamente.

A qualquer som ou visão que exigisse ação, ele respondia instantaneamente.

Si un husky saltaba para atacar, Buck podía saltar el doble de rápido.

Se um husky saltasse para atacar, Buck poderia saltar duas vezes mais rápido.

Reaccionó más rápido de lo que los demás pudieron verlo o escuchar.

Ele reagiu mais rápido do que os outros poderiam ver ou ouvir.

La percepción, la decisión y la acción se produjeron en un momento fluido.

Percepção, decisão e ação aconteceram em um momento fluido.

En realidad, estos actos fueron separados, pero demasiado rápidos para notarlos.

Na verdade, esses atos foram separados, mas rápidos demais para serem notados.

Los intervalos entre estos actos fueron tan breves que parecían uno solo.

Tão breves eram os intervalos entre esses atos, que eles pareciam um só.

Sus músculos y su ser eran como resortes fuertemente enrollados.

Seus múscu_os e seu ser eram como molas firmemente enroladas.

Su cuerpo rebosaba de vida, salvaje y alegre en su poder.

Seu corpo transbordava de vida, selvagem e alegre em seu poder.

A veces sentía como si la fuerza fuera a estallar fuera de él por completo.

Às vezes ele sentia como se a força fosse explodir completamente para fora dele.

"Nunca vi un perro así", dijo Thornton un día tranquilo.

"Nunca existiu um cachorro assim", disse Thornton em um dia tranquilo.

Los socios observaron a Buck alejarse orgullosamente del campamento.

Os parceiros observaram Buck saindo orgulhosamente do acampamento.

"Cuando lo crearon, cambió lo que un perro puede ser", dijo Pete.

"Quando ele foi criado, ele mudou o que um cachorro pode ser", disse Pete.

—¡Por Dios! Yo también lo creo —respondió Hans rápidamente.

"Por Jesus! Eu também acho", Hans concordou rapidamente.

Lo vieron marcharse, pero no el cambio que vino después.

Eles o viram partir, mas não a mudança que veio depois.

Tan pronto como entró en el bosque, Buck se transformó por completo.

Assim que entrou na floresta, Buck se transformou completamente.

Ya no marchaba, sino que se movía como un fantasma salvaje entre los árboles.

Ele não marchava mais, mas se movia como um fantasma selvagem entre as árvores.

Se quedó en silencio, con pasos de gato, un destello que pasaba entre las sombras.

Ele ficou em silêncio, com passos de gato, um lampejo passando pelas sombras.

Utilizó la cubierta con habilidad, arrastrándose sobre su vientre como una serpiente.

Ele usava cobertura com habilidade, rastejando de barriga como uma cobra.

Y como una serpiente, podía saltar hacia adelante y atacar en silencio.

E como uma cobra, ele podia saltar para frente e atacar em silêncio.

Podría robar una perdiz nival directamente de su nido escondido.

Ele poderia roubar uma perdiz-branca diretamente de seu ninho escondido.

Mató conejos dormidos sin hacer un solo sonido.

Ele matou coelhos adormecidos sem fazer nenhum barulho.

Podía atrapar ardillas en el aire cuando huían demasiado lentamente.

Ele conseguia pegar esquilos no ar, pois eles fugiam muito devagar.

Ni siquiera los peces en los estanques podían escapar de sus ataques repentinos.

Nem mesmo os peixes nos lagos conseguiram escapar de seus ataques repentinos.

Ni siquiera los castores más inteligentes que arreglaban presas estaban a salvo de él.

Nem mesmo os castores espertos que consertavam represas estavam a salvo dele.

Él mataba por comida, no por diversión, pero prefería matar a sus propias víctimas.

Ele matava por comida, não por diversão, mas gostava mais de suas próprias presas.

Aun así, un humor astuto impregnaba algunas de sus cacerías silenciosas.

Ainda assim, um humor astuto permeava algumas de suas caçadas silenciosas.

Se acercó sigilosamente a las ardillas, pero las dejó escapar.

Ele se aproximou dos esquilos, apenas para deixá-los escapar.

Iban a huir hacia los árboles, parloteando con terrible indignación.

Eles iriam fugir para as árvores, tagarelando com medo e indignação.

A medida que llegaba el otoño, los alces comenzaron a aparecer en mayor número.

Com a chegada do outono, os alces começaram a aparecer em maior número.

Avanzaron lentamente hacia los valles bajos para encontrarse con el invierno.

Eles se moveram lentamente em direção aos vales baixos para enfrentar o inverno.

Buck ya había derribado a un ternero joven y perdido.

Buck já havia abatido um bezerro jovem e perdido.

Pero anhelaba enfrentarse a presas más grandes y peligrosas.

Mas ele ansiava por enfrentar presas maiores e mais perigosas.

Un día, en la divisoria, a la altura del nacimiento del arroyo, encontró su oportunidad.

Um dia, na divisão, na nascente do riacho, ele encontrou sua chance.

Una manada de veinte alces había cruzado desde tierras boscosas.

Uma manada de vinte alces havia cruzado as terras florestais.

Entre ellos había un poderoso toro; el líder del grupo.

Entre eles estava um touro poderoso; o líder do grupo.

El toro medía más de seis pies de alto y parecía feroz y salvaje.

O touro tinha mais de 1,80 m de altura e parecia feroz e selvagem.

Lanzó sus anchas astas, con catorce puntas ramificándose hacia afuera.

Ele jogou seus chifres largos, quatorze pontas ramificadas para fora.

Las puntas de esas astas se extendían siete pies de ancho.

As pontas desses chifres tinham mais de dois metros de largura.

Sus pequeños ojos ardieron de rabia cuando vio a Buck cerca.

Seus olhinhos ardiam de raiva quando ele avistou Buck por perto.

Soltó un rugido furioso, temblando de furia y dolor.

Ele soltou um rugido furioso, tremendo de fúria e dor.

Una punta de flecha sobresalía cerca de su flanco, emplumada y afilada.

Uma ponta de flecha, pontuda e afiada, projetava-se perto de seu flanco.

Esta herida ayudó a explicar su humor salvaje y amargado.

Essa ferida ajudou a explicar seu humor selvagem e amargo.

Buck, guiado por su antiguo instinto de caza, hizo su movimiento.

Buck, guiado por um antigo instinto de caça, fez seu movimento.

Su objetivo era separar al toro del resto de la manada.

Ele tentou separar o touro do resto do rebanho.

No fue una tarea fácil: requirió velocidad y una astucia feroz.

Não foi uma tarefa fácil: exigiu rapidez e muita astúcia.

Ladró y bailó cerca del toro, fuera de su alcance.

Ele latiu e dançou perto do touro, fora do alcance.

El alce atacó con enormes pezuñas y astas mortales.

O alce atacou com cascos enormes e chifres mortais.

Un golpe podría haber acabado con la vida de Buck en un instante.

Um golpe poderia ter acabado com a vida de Buck num piscar de olhos.

Incapaz de dejar atrás la amenaza, el toro se volvió loco.

Incapaz de deixar a ameaça para trás, o touro ficou furioso.

Él cargó con furia, pero Buck siempre se le escapaba.

Ele atacou com fúria, mas Buck sempre escapava.

Buck fingió debilidad, lo que lo alejó aún más de la manada.

Buck fingiu fraqueza, atraindo-o para mais longe do rebanho.

Pero los toros jóvenes estaban a punto de atacar para proteger al líder.

Mas os touros jovens iriam revidar para proteger o líder.

Obligaron a Buck a retirarse y al toro a reincorporarse al grupo.

Eles forçaram Buck a recuar e o touro a se juntar ao grupo.

Hay una paciencia en lo salvaje, profunda e imparable.

Há uma paciência na natureza, profunda e imparável.

Una araña espera inmóvil en su red durante incontables horas.

Uma aranha espera imóvel em sua teia por incontáveis horas.

Una serpiente se enrosca sin moverse y espera hasta que llega el momento.

Uma cobra se enrola sem se mexer e espera até que seja a hora.

Una pantera acecha hasta que llega el momento.

Uma pantera fica à espreita, até que o momento chega.

Ésta es la paciencia de los depredadores que cazan para sobrevivir.

Essa é a paciência dos predadores que caçam para sobreviver.

Esa misma paciencia ardía dentro de Buck mientras se quedaba cerca.

Essa mesma paciência queimava dentro de Buck enquanto ele ficava por perto.

Se quedó cerca de la manada, frenando su marcha y sembrando el miedo.
Ele permaneceu perto do rebanho, diminuindo a marcha e provocando medo.
Provocaba a los toros jóvenes y acosaba a las vacas madres.
Ele provocava os touros jovens e assediava as vacas mães.
Empujó al toro herido hacia una rabia más profunda e impotente.
Ele levou o touro ferido a uma fúria mais profunda e impotente.
Durante medio día, la lucha se prolongó sin descanso alguno.
Durante meio dia, a luta se arrastou sem nenhum descanso.
Buck atacó desde todos los ángulos, rápido y feroz como el viento.
Buck atacou de todos os ângulos, rápido e feroz como o vento.
Impidió que el toro descansara o se escondiera con su manada.
Ele impediu que o touro descansasse ou se escondesse com seu rebanho.
Buck desgastó la voluntad del alce más rápido que su cuerpo.
Buck desgastou a vontade do alce mais rápido que seu corpo.
El día transcurrió y el sol se hundió en el cielo del noroeste.
O dia passou e o sol se pôs no céu noroeste.
Los toros jóvenes regresaron más lentamente para ayudar a su líder.
Os touros jovens retornaram mais lentamente para ajudar seu líder.
Las noches de otoño habían regresado y la oscuridad ahora duraba seis horas.
As noites de outono retornaram e a escuridão agora durava seis horas.
El invierno los estaba empujando cuesta abajo hacia valles más seguros y cálidos.
O inverno os estava empurrando ladeira abaixo em direção a vales mais seguros e quentes.

Pero aún así no pudieron escapar del cazador que los retenía.
Mas eles ainda não conseguiam escapar do caçador que os
segurava.

**Sólo una vida estaba en juego: no la de la manada, sino la de
su líder.**
Apenas uma vida estava em jogo: não a do rebanho, apenas a
do seu líder.

**Eso hizo que la amenaza fuera distante y no su preocupación
urgente.**
Isso fez com que a ameaça fosse distante e não uma
preocupação urgente.

**Con el tiempo, aceptaron ese coste y dejaron que Buck se
llevara al viejo toro.**
Com o tempo, eles aceitaram esse custo e deixaram Buck levar
o velho touro.

Al caer la tarde, el viejo toro permanecía con la cabeza gacha.
Quando o crepúsculo chegou, o velho touro ficou com a
cabeça baixa.

**Observó cómo la manada que había guiado se desvanecía en
la luz que se desvanecía.**
Ele observou o rebanho que havia liderado desaparecer na luz
que se apagava.

**Había vacas que había conocido, terneros que una vez había
engendrado.**
Havia vacas que ele conheceu, bezerros que ele gerou.

**Había toros más jóvenes con los que había luchado y
gobernado en temporadas pasadas.**
Havia touros mais jovens com quem ele lutou e governou em
temporadas passadas.

**No pudo seguirlos, pues frente a él estaba agazapado
nuevamente Buck.**
Ele não pôde segui-los, pois Buck estava agachado novamente
diante dele.

**El terror despiadado con colmillos bloqueó cualquier
camino que pudiera tomar.**
O terror implacável das presas bloqueava todos os caminhos
que ele poderia tomar.

El toro pesaba más de trescientos kilos de densa potencia.

O touro pesava mais de trezentos quilos de poder denso.

Había vivido mucho tiempo y luchado con ahínco en un mundo de luchas.

Ele viveu muito e lutou muito em um mundo de lutas.

Pero ahora, al final, la muerte vino de una bestia muy inferior a él.

Mas agora, no final, a morte veio de uma fera muito abaixo dele.

La cabeza de Buck ni siquiera llegó a alcanzar las enormes rodillas del toro.

A cabeça de Buck nem sequer chegou aos enormes joelhos do touro.

A partir de ese momento, Buck permaneció con el toro noche y día.

Daquele momento em diante, Buck ficou com o touro dia e noite.

Nunca le dio descanso, nunca le permitió pastar ni beber.

Ele nunca lhe deu descanso, nunca lhe permitiu pastar ou beber.

El toro intentó comer brotes tiernos de abedul y hojas de sauce.

O touro tentou comer brotos de bétula e folhas de salgueiro.

Pero Buck lo ahuyentó, siempre alerta y siempre atacando.

Mas Buck o expulsou, sempre alerta e sempre atacando.

Incluso ante arroyos que goteaban, Buck bloqueó cada intento de sed.

Mesmo em riachos caudalosos, Buck bloqueava todas as tentativas sedentas.

A veces, desesperado, el toro huía a toda velocidad.

Às vezes, em desespero, o touro fugia a toda velocidade.

Buck lo dejó correr, trotando tranquilamente detrás, nunca muy lejos.

Buck o deixou correr, caminhando calmamente logo atrás, nunca muito longe.

Cuando el alce se detuvo, Buck se acostó, pero se mantuvo listo.

Quando o alce parou, Buck deitou-se, mas permaneceu pronto.

Si el toro intentaba comer o beber, Buck atacaba con toda furia.

Se o touro tentasse comer ou beber, Buck atacava com fúria total.

La gran cabeza del toro se hundió aún más bajo sus enormes astas.

A grande cabeça do touro pendia mais para baixo sob seus enormes chifres.

Su paso se hizo más lento, el trote se hizo pesado, un paso tambaleante.

Seu passo diminuiu, o trote se tornou pesado, um andar cambaleante.

A menudo se quedaba quieto con las orejas caídas y la nariz pegada al suelo.

Ele frequentemente ficava parado com as orelhas caídas e o focinho no chão.

Durante esos momentos, Buck se tomó tiempo para beber y descansar.

Durante esses momentos, Buck tirou um tempo para beber e descansar.

Con la lengua afuera y los ojos fijos, Buck sintió que la tierra estaba cambiando.

Com a língua para fora e os olhos fixos, Buck sentiu que a terra estava mudando.

Sintió algo nuevo moviéndose a través del bosque y el cielo.

Ele sentiu algo novo se movendo pela floresta e pelo céu.

A medida que los alces regresaban, también lo hacían otras criaturas salvajes.

Com o retorno dos alces, outras criaturas selvagens também retornaram.

La tierra se sentía viva, con presencia, invisible pero fuertemente conocida.

A terra parecia viva e presente, invisível, mas fortemente conhecida.

No fue por el sonido, ni por la vista, ni por el olfato que Buck supo esto.

Não foi pelo som, pela visão ou pelo cheiro que Buck soube disso.

Un sentimiento más profundo le decía que nuevas fuerzas estaban en movimiento.

Um senso mais profundo lhe dizia que novas forças estavam em movimento.

Una vida extraña se agitaba en los bosques y a lo largo de los arroyos.

Vida estranha agitava-se nas florestas e ao longo dos riachos.

Decidió explorar este espíritu, después de que la caza se completara.

Ele resolveu explorar esse espírito depois que a caçada terminasse.

Al cuarto día, Buck finalmente logró derribar al alce.

No quarto dia, Buck finalmente derrubou o alce.

Se quedó junto a la presa durante un día y una noche enteros, alimentándose y descansando.

Ele ficou perto da presa por um dia e uma noite inteiros, alimentando-se e descansando.

Comió, luego durmió, luego volvió a comer, hasta que estuvo fuerte y lleno.

Ele comeu, depois dormiu, depois comeu novamente, até ficar forte e satisfeito.

Cuando estuvo listo, regresó hacia el campamento y Thornton.

Quando ele estava pronto, ele voltou para o acampamento e para Thornton.

Con ritmo constante, inició el largo viaje de regreso a casa.

Com ritmo constante, ele começou a longa jornada de volta para casa.

Corría con su incansable galope, hora tras hora, sin desviarse jamás.

Ele correu em seu passo incansável, hora após hora, sem nunca se desviar.

A través de tierras desconocidas, se movió recto como la aguja de una brújula.

Por terras desconhecidas, ele se moveu em linha reta como a agulha de uma bússola.

Su sentido de la orientación hacía que el hombre y el mapa parecieran débiles en comparación.

Seu senso de direção fazia o homem e o mapa parecerem fracos em comparação.

A medida que Buck corría, sentía con más fuerza la agitación en la tierra salvaje.

Enquanto Buck corria, ele sentia cada vez mais a agitação na terra selvagem.

Era un nuevo tipo de vida, diferente a la de los tranquilos meses de verano.

Era um novo tipo de vida, diferente daquela dos calmos meses de verão.

Este sentimiento ya no llegaba como un mensaje sutil o distante.

Esse sentimento não vinha mais como uma mensagem sutil ou distante.

Ahora los pájaros hablaban de esta vida y las ardillas parloteaban sobre ella.

Agora os pássaros falavam desta vida, e os esquilos tagarelavam sobre ela.

Incluso la brisa susurraba advertencias a través de los árboles silenciosos.

Até a brisa sussurrava avisos através das árvores silenciosas.

Varias veces se detuvo y olió el aire fresco de la mañana.

Várias vezes ele parou e cheirou o ar fresco da manhã.

Allí leyó un mensaje que le hizo avanzar más rápido.

Ele leu uma mensagem ali que o fez avançar mais rápido.

Una fuerte sensación de peligro lo llenó, como si algo hubiera salido mal.

Uma forte sensação de perigo o preencheu, como se algo tivesse dado errado.

Temía que se avecinara una calamidad, o que ya hubiera ocurrido.

Ele temia que a calamidade estivesse chegando — ou já tivesse chegado.

Cruzó la última cresta y entró en el valle de abajo.

Ele cruzou a última crista e entrou no vale abaixo.

Se movió más lentamente, alerta y cauteloso con cada paso.

Ele se movia mais lentamente, alerta e cauteloso a cada passo.

A tres millas de distancia encontró un nuevo rastro que lo hizo ponerse rígido.

Três milhas depois, ele encontrou uma trilha nova que o fez ficar tenso.

El cabello de su cuello se onduló y se erizó en señal de alarma.

Os pelos do seu pescoço se arrepiaram e se agitaram em alarme.

El sendero conducía directamente al campamento donde Thornton esperaba.

A trilha levava direto para o acampamento onde Thornton esperava.

Buck se movió más rápido ahora, su paso era silencioso y rápido.

Buck se movia mais rápido agora, seus passos eram silenciosos e rápidos.

Sus nervios se tensaron al leer señales que otros no verían.

Seus nervos ficaram tensos ao perceber sinais que os outros não perceberiam.

Cada detalle del recorrido contaba una historia, excepto la pieza final.

Cada detalhe da trilha contava uma história, exceto o pedaço final.

Su nariz le contaba sobre la vida que había transcurrido por allí.

Seu nariz lhe contava sobre a vida que havia passado por ali.

El olor le dio una imagen cambiante mientras lo seguía de cerca.

O cheiro lhe deu uma imagem mutável enquanto ele o seguia de perto.

Pero el bosque mismo había quedado en silencio; anormalmente quieto.

Mas a floresta em si ficou quieta; estranhamente parada.

Los pájaros habían desaparecido, las ardillas estaban escondidas, silenciosas y quietas.

Os pássaros desapareceram, os esquilos estavam escondidos, silenciosos e imóveis.

Sólo vio una ardilla gris, tumbada sobre un árbol muerto.

Ele viu apenas um esquilo cinza, deitado em uma árvore morta.

La ardilla se mimetizó, rígida e inmóvil como una parte del bosque.

O esquilo se misturou, rígido e imóvel como uma parte da floresta.

Buck se movía como una sombra, silencioso y seguro entre los árboles.

Buck se movia como uma sombra, silenciosa e segura, através das árvores.

Su nariz se movió hacia un lado como si una mano invisible la tirara.

Seu nariz se moveu para o lado como se tivesse sido puxado por uma mão invisível.

Se giró y siguió el nuevo olor hasta lo profundo de un matorral.

Ele se virou e seguiu o novo cheiro em direção ao interior de um matagal.

Allí encontró a Nig, que yacía muerto, atravesado por una flecha.

Lá ele encontrou Nig, morto, atravessado por uma flecha.

La flecha atravesó su cuerpo y aún se le veían las plumas.

A flecha atravessou seu corpo, deixando as penas ainda visíveis.

Nig se arrastró hasta allí, pero murió antes de llegar para recibir ayuda.

Nig se arrastou até lá, mas morreu antes de conseguir ajuda.

Cien metros más adelante, Buck encontró otro perro de trineo.

Cem metros mais adiante, Buck encontrou outro cão de trenó.

Era un perro que Thornton había comprado en Dawson City.

Era um cachorro que Thornton havia comprado em Dawson City.

El perro se encontraba en una lucha a muerte, agitándose con fuerza en el camino.

O cachorro estava em uma luta mortal, se debatendo com força na trilha.

Buck pasó a su alrededor, sin detenerse, con los ojos fijos hacia adelante.

Buck passou ao redor dele, sem parar, com os olhos fixos à frente.

Desde la dirección del campamento llegaba un canto distante y rítmico.

Da direção do acampamento veio um canto distante e rítmico.

Las voces subían y bajaban en un tono extraño, inquietante y cantarín.

As vozes subiam e desciam num tom estranho, sinistro e cantante.

Buck se arrastró hacia el borde del claro en silencio.

Buck rastejou até a borda da clareira em silêncio.

Allí vio a Hans tendido boca abajo, atravesado por muchas flechas.

Lá ele viu Hans deitado de bruços, perfurado por muitas flechas.

Su cuerpo parecía el de un puercoespín, erizado de plumas.

Seu corpo parecia o de um porco-espinho, eriçado de penas.

En ese mismo momento, Buck miró hacia la cabaña en ruinas.

No mesmo momento, Buck olhou para a cabana em ruínas.

La visión hizo que se le erizara el pelo de la nuca y de los hombros.

A visão fez os cabelos de seu pescoço e ombros se arrepiarem.

Una tormenta de furia salvaje recorrió todo el cuerpo de Buck.

Uma tempestade de raiva selvagem percorreu todo o corpo de Buck.

Gruñó en voz alta, aunque no sabía que lo había hecho.
Ele rosnou alto, embora não soubesse que tinha feito isso.
El sonido era crudo, lleno de furia aterradora y salvaje.
O som era cru, cheio de uma fúria terrível e selvagem.
Por última vez en su vida, Buck perdió la razón ante la emoción.
Pela última vez na vida, Buck perdeu a razão para as emoções.
Fue el amor por John Thornton lo que rompió su cuidadoso control.
Foi o amor por John Thornton que quebrou seu controle cuidadoso.
Los Yeehats estaban bailando alrededor de la cabaña de abetos en ruinas.
Os Yeehats estavam dançando ao redor do chalé de abetos destruído.
Entonces se escuchó un rugido y una bestia desconocida cargó hacia ellos.
Então ouviu-se um rugido, e uma fera desconhecida avançou em direção a eles.
Era Buck; una furia en movimiento; una tormenta viviente de venganza.
Era Buck; uma fúria em movimento; uma tempestade viva de vingança.
Se arrojó en medio de ellos, loco por la necesidad de matar.
Ele se jogou no meio deles, louco pela necessidade de matar.
Saltó hacia el primer hombre, el jefe Yeehat, y acertó.
Ele saltou sobre o primeiro homem, o chefe Yeehat, e acertou em cheio.
Su garganta fue desgarrada y la sangre brotó a chorros.
Sua garganta foi aberta e o sangue jorrou num jato.
Buck no se detuvo, sino que desgarró la garganta del siguiente hombre de un salto.
Buck não parou, mas rasgou a garganta do próximo homem com um salto.
Era imparable: desgarraba, cortaba y nunca se detenía a descansar.

Ele era imparável — rasgando, cortando, sem nunca parar para descansar.

Se lanzó y saltó tan rápido que sus flechas no pudieron tocarlo.

Ele disparou e saltou tão rápido que as flechas não conseguiram atingi-lo.

Los Yeehats estaban atrapados en su propio pánico y confusión.

Os Yeehats estavam presos em seu próprio pânico e confusão.

Sus flechas no alcanzaron a Buck y se alcanzaron entre sí.

As flechas deles erraram Buck e atingiram umas às outras.

Un joven le lanzó una lanza a Buck y golpeó a otro hombre.

Um jovem atirou uma lança em Buck e atingiu outro homem.

La lanza le atravesó el pecho y la punta le atravesó la espalda.

A lança atravessou seu peito e a ponta perfurou suas costas.

El terror se apoderó de los Yeehats y se retiraron por completo.

O terror tomou conta dos Yeehats e eles começaram a recuar completamente.

Gritaron al Espíritu Maligno y huyeron hacia las sombras del bosque.

Eles gritaram sobre o Espírito Maligno e fugiram para as sombras da floresta.

En verdad, Buck era como un demonio mientras perseguía a los Yeehats.

De fato, Buck era como um demônio enquanto perseguia os Yeehats.

Él los persiguió a través del bosque, derribándolos como si fueran ciervos.

Ele correu atrás deles pela floresta, derrubando-os como veados.

Se convirtió en un día de destino y terror para los asustados Yeehats.

Tornou-se um dia de destino e terror para os assustados Yeehats.

Se dispersaron por toda la tierra, huyendo lejos en todas direcciones.

Eles se espalharam pela terra, fugindo em todas as direções.

Pasó una semana entera antes de que los últimos supervivientes se reunieran en un valle.

Uma semana inteira se passou antes que os últimos sobreviventes se encontrassem em um vale.

Sólo entonces contaron sus pérdidas y hablaron de lo sucedido.

Só então eles contaram suas perdas e falaram sobre o que aconteceu.

Buck, después de cansarse de la persecución, regresó al campamento en ruinas.

Buck, cansado da perseguição, retornou ao acampamento em ruínas.

Encontró a Pete, todavía en sus mantas, muerto en el primer ataque.

Ele encontrou Pete, ainda em seus cobertores, morto no primeiro ataque.

Las señales de la última lucha de Thornton estaban marcadas en la tierra cercana.

Sinais da última luta de Thornton estavam marcados na terra próxima.

Buck siguió cada rastro, olfateando cada marca hasta un punto final.

Buck seguiu cada rastro, farejando cada marca até um ponto final.

En el borde de un estanque profundo, encontró al fiel Skeet, tumbado inmóvil.

Na beira de um poço fundo, ele encontrou o fiel Skeet, deitado e imóvel.

La cabeza y las patas delanteras de Skeet estaban en el agua, inmóviles por la muerte.

A cabeça e as patas dianteiras de Skeet estavam na água, imóveis na morte.

La piscina estaba fangosa y contaminada por el agua que salía de las compuertas.

A piscina estava lamacenta e contaminada com o escoamento das caixas de comportas.

Su superficie nublada ocultaba lo que había debajo, pero Buck sabía la verdad.

Sua superfície nublada escondia o que havia por baixo, mas Buck sabia a verdade.

Siguió el rastro del olor de Thornton hasta la piscina, pero el olor no lo condujo a ningún otro lugar.

Ele seguiu o cheiro de Thornton até a piscina, mas o cheiro não levou a nenhum outro lugar.

No había ningún olor que indicara que salía, solo el silencio de las aguas profundas.

Não havia nenhum cheiro vindo de fora — apenas o silêncio das águas profundas.

Buck permaneció todo el día cerca de la piscina, paseando de un lado a otro del campamento con tristeza.

Buck ficou o dia todo perto da piscina, andando de um lado para o outro no acampamento, sentindo-se triste.

Vagaba inquieto o permanecía sentado en silencio, perdido en pesados pensamientos.

Ele vagava inquieto ou sentava-se em silêncio, perdido em pensamentos pesados.

Él conocía la muerte; el fin de la vida; la desaparición de todo movimiento.

Ele conhecia a morte; o fim da vida; o desaparecimento de todo movimento.

Comprendió que John Thornton se había ido y que nunca regresaría.

Ele entendeu que John Thornton havia partido e nunca mais retornaria.

La pérdida dejó en él un vacío que palpitaba como el hambre.

A perda deixou um vazio nele que pulsava como fome.

Pero ésta era un hambre que la comida no podía calmar, por mucho que comiera.

Mas essa era uma fome que a comida não conseguia saciar, não importava o quanto ele comesse.

A veces, mientras miraba a los Yeehats muertos, el dolor se desvanecía.

Às vezes, quando ele olhava para os Yeehats mortos, a dor desaparecia.

Y entonces un orgullo extraño surgió dentro de él, feroz y completo.

E então um estranho orgulho surgiu dentro dele, feroz e completo.

Había matado al hombre, la presa más alta y peligrosa de todas.

Ele havia matado o homem, o jogo mais elevado e perigoso de todos.

Había matado desafiando la antigua ley del garrote y el colmillo.

Ele matou desafiando a antiga lei da clava e das presas.

Buck olió sus cuerpos sin vida, curioso y pensativo.

Buck cheirou seus corpos sem vida, curioso e pensativo.

Habían muerto con tanta facilidad, mucho más fácil que un husky en una pelea.

Eles morreram tão facilmente — muito mais facilmente do que um husky em uma luta.

Sin sus armas, no tenían verdadera fuerza ni representaban una amenaza.

Sem suas armas, eles não tinham força ou ameaça verdadeira.

Buck nunca volvería a temerles, a menos que estuvieran armados.

Buck nunca mais teria medo deles, a menos que estivessem armados.

Sólo tenía cuidado cuando llevaban garrotes, lanzas o flechas.

Somente quando eles carregavam porretes, lanças ou flechas ele tomava cuidado.

Cayó la noche y la luna llena se elevó por encima de las copas de los árboles.

A noite caiu e a lua cheia surgiu bem acima do topo das árvores.

La pálida luz de la luna bañaba la tierra con un resplandor suave y fantasmal, como el del día.

A luz pálida da lua banhava a terra com um brilho suave e fantasmagórico, como o dia.

A medida que la noche avanzaba, Buck seguía de luto junto al estanque silencioso.

À medida que a noite avançava, Buck ainda lamentava na piscina silenciosa.

Entonces se dio cuenta de que había un movimiento diferente en el bosque.

Então ele percebeu uma agitação diferente na floresta.

El movimiento no provenía de los Yeehats, sino de algo más antiguo y más profundo.

A agitação não veio dos Yeehats, mas de algo mais antigo e profundo.

Se puso de pie, con las orejas levantadas y la nariz palpando la brisa con cuidado.

Ele se levantou, com as orelhas erguidas e o nariz testando a brisa com cuidado.

Desde lejos llegó un grito débil y agudo que rompió el silencio.

De muito longe veio um grito fraco e agudo que perfurou o silêncio.

Luego, un coro de gritos similares siguió de cerca al primero.

Então, um coro de gritos semelhantes seguiu logo atrás do primeiro.

El sonido se acercaba cada vez más y se hacía más fuerte a cada momento que pasaba.

O som se aproximava, ficando mais alto a cada momento.

Buck conocía ese grito: venía de ese otro mundo en su memoria.

Buck conhecia esse grito, ele vinha daquele outro mundo em sua memória.

Caminó hasta el centro del espacio abierto y escuchó atentamente.

Ele caminhou até o centro do espaço aberto e ouviu atentamente.

El llamado resonó, múltiple y más poderoso que nunca.
O chamado soou, com muitas notas e mais poderoso do que
nunca.
**Y ahora, más que nunca, Buck estaba listo para responder a
su llamado.**
E agora, mais do que nunca, Buck estava pronto para atender
ao seu chamado.
**John Thornton había muerto y ya no tenía ningún vínculo
con el hombre.**
John Thornton estava morto, e nenhum vínculo com o homem
permanecia nele.
**El hombre y todos sus derechos humanos habían
desaparecido: él era libre por fin.**
O homem e todas as reivindicações humanas desapareceram
— ele estava livre finalmente.
**La manada de lobos estaba persiguiendo carne como lo
hicieron alguna vez los Yeehats.**
A matilha de lobos estava atrás de carne como os Yeehats
faziam antigamente.
Habían seguido a los alces desde las tierras boscosas.
Eles seguiram os alces desde as terras arborizadas.
**Ahora, salvajes y hambrientos de presa, cruzaron hacia su
valle.**
Agora, selvagens e famintos por presas, eles cruzaram o vale.
**Llegaron al claro iluminado por la luna, fluyendo como agua
plateada.**
Eles chegaram à clareira iluminada pela lua, fluindo como
água prateada.
**Buck permaneció quieto en el centro, inmóvil y
esperándolos.**
Buck ficou parado no centro, imóvel, esperando por eles.
**Su tranquila y gran presencia dejó a la manada en un breve
silencio.**
Sua presença calma e grande surpreendeu o grupo, fazendo-o
ficar em breve silêncio.
Entonces el lobo más atrevido saltó hacia él sin dudarlo.
Então o lobo mais ousado saltou direto nele sem hesitar.

Buck atacó rápidamente y rompió el cuello del lobo de un solo golpe.

Buck atacou rápido e quebrou o pescoço do lobo com um único golpe.

Se quedó inmóvil nuevamente mientras el lobo moribundo se retorcía detrás de él.

Ele ficou imóvel novamente enquanto o lobo moribundo se contorcia atrás dele.

Tres lobos más atacaron rápidamente, uno tras otro.

Mais três lobos atacaram rapidamente, um após o outro.

Todos retrocedieron sangrando, con la garganta o los hombros destrozados.

Cada um recuou sangrando, com a garganta ou os ombros cortados.

Eso fue suficiente para que toda la manada se lanzara a una carga salvaje.

Isso foi o suficiente para fazer com que todo o bando atacasse descontroladamente.

Se precipitaron juntos, demasiado ansiosos y apiñados para golpear bien.

Eles correram juntos, muito ansiosos e aglomerados para atacar bem.

La velocidad y habilidad de Buck le permitieron mantenerse por delante del ataque.

A velocidade e habilidade de Buck permitiram que ele ficasse à frente do ataque.

Giró sobre sus patas traseras, chasqueando y golpeando en todas direcciones.

Ele girou sobre as patas traseiras, estalando e atacando em todas as direções.

Para los lobos, esto parecía como si su defensa nunca se abriera ni flaqueara.

Para os lobos, parecia que sua defesa nunca abria ou vacilava.

Se giró y atacó tan rápido que no pudieron alcanzarlo.

Ele se virou e atacou tão rápido que eles não conseguiram ficar atrás dele.

Sin embargo, su número le obligó a ceder terreno y retroceder.

Mesmo assim, o número deles o forçou a ceder terreno e recuar.

Pasó junto a la piscina y bajó al lecho rocoso del arroyo.

Ele passou pela piscina e desceu até o leito rochoso do riacho.

Allí se topó con un empinado banco de grava y tierra.

Lá ele chegou a um barranco íngreme de cascalho e terra.

Se metió en un rincón cortado durante la antigua excavación de los mineros.

Ele entrou em um corte de canto durante a antiga escavação dos mineiros.

Ahora, protegido por tres lados, Buck se enfrentaba únicamente al lobo frontal.

Agora, protegido por três lados, Buck enfrentava apenas o lobo da frente.

Allí se mantuvo a raya, listo para la siguiente ola de asalto.

Lá, ele ficou à distância, pronto para a próxima onda de ataque.

Buck se mantuvo firme con tanta fiereza que los lobos retrocedieron.

Buck se manteve firme com tanta ferocidade que os lobos recuaram.

Después de media hora, estaban agotados y visiblemente derrotados.

Depois de meia hora, eles estavam exaustos e visivelmente derrotados.

Sus lenguas colgaban y sus colmillos blancos brillaban a la luz de la luna.

Suas línguas estavam para fora, suas presas brancas brilhavam ao luar.

Algunos lobos se tumbaron, con la cabeza levantada y las orejas apuntando hacia Buck.

Alguns lobos se deitaram, com as cabeças erguidas e as orelhas em pé na direção de Buck.

Otros permanecieron inmóviles, alertas y observando cada uno de sus movimientos.

Outros ficaram parados, alertas e observando cada movimento seu.

Algunos se acercaron a la piscina y bebieron agua fría.

Alguns foram até a piscina e tomaram água fria.

Entonces un lobo gris, largo y delgado, se acercó sigilosamente.

Então, um lobo cinzento, longo e magro avançou de forma gentil.

Buck lo reconoció: era el hermano salvaje de antes.

Buck o reconheceu — era o irmão selvagem de antes.

El lobo gris gimió suavemente y Buck respondió con un gemido.

O lobo cinzento ganiu suavemente, e Buck respondeu com um ganido.

Se tocaron las narices, en silencio y sin amenaza ni miedo.

Eles tocaram os narizes, silenciosamente e sem ameaça ou medo.

Luego vino un lobo más viejo, demacrado y lleno de cicatrices por muchas batallas.

Em seguida veio um lobo mais velho, magro e marcado por muitas batalhas.

Buck empezó a gruñir, pero se detuvo y olió la nariz del viejo lobo.

Buck começou a rosnar, mas parou e cheirou o nariz do velho lobo.

El viejo se sentó, levantó la nariz y aulló a la luna.

O velho sentou-se, levantou o nariz e uivou para a lua.

El resto de la manada se sentó y se unió al largo aullido.

O resto do bando sentou-se e juntou-se ao longo uivo.

Y ahora el llamado llegó a Buck, inconfundible y fuerte.

E agora o chamado chegou a Buck, inconfundível e forte.

Se sentó, levantó la cabeza y aulló con los demás.

Ele sentou-se, levantou a cabeça e uivou com os outros.

Cuando terminaron los aullidos, Buck salió de su refugio rocoso.

Quando os uivos terminaram, Buck saiu de seu abrigo rochoso.

La manada se cerró a su alrededor, olfateando con amabilidad y cautela.

A matilha se fechou em volta dele, farejando-o com gentileza e cautela.

Entonces los líderes dieron un grito y salieron corriendo hacia el bosque.

Então os líderes deram um grito e saíram correndo para a floresta.

Los demás lobos los siguieron, aullando a coro, salvajes y rápidos en la noche.

Os outros lobos os seguiram, latindo em coro, selvagens e rápidos na noite.

Buck corrió con ellos, al lado de su hermano salvaje, aullando mientras corría.

Buck correu com eles, ao lado de seu irmão selvagem, uivando enquanto corria.

Aquí la historia de Buck llega bien a su fin.

Aqui, a história de Buck chega ao fim.

En los años siguientes, los Yeehat notaron lobos extraños.

Nos anos que se seguiram, os Yeehats notaram lobos estranhos.

Algunos tenían la cabeza y el hocico de color marrón y el pecho de color blanco.

Alguns tinham marrom na cabeça e no focinho e branco no peito.

Pero aún más temían una figura fantasmal entre los lobos.

Mas eles temiam ainda mais uma figura fantasmagórica entre os lobos.

Hablaban en susurros del Perro Fantasma, líder de la manada.

Eles falavam em sussurros sobre o Cão Fantasma, líder da matilha.

Este perro fantasma tenía más astucia que el cazador Yeehat más audaz.

Este Cão Fantasma tinha mais astúcia que o mais ousado caçador Yeehat.

El perro fantasma robó de los campamentos en pleno invierno y destrozó sus trampas.

O cão fantasma roubava dos acampamentos no inverno rigoroso e destruía suas armadilhas.

El perro fantasma mató a sus perros y escapó de sus flechas sin dejar rastro.

O cão fantasma matou seus cães e escapou de suas flechas sem deixar rastros.

Incluso sus guerreros más valientes temían enfrentarse a este espíritu salvaje.

Até mesmo seus guerreiros mais bravos temiam enfrentar esse espírito selvagem.

No, la historia se vuelve aún más oscura a medida que pasan los años en la naturaleza.

Não, a história fica ainda mais sombria à medida que os anos passam na natureza.

Algunos cazadores desaparecen y nunca regresan a sus campamentos distantes.

Alguns caçadores desaparecem e nunca mais retornam aos seus acampamentos distantes.

Otros aparecen con la garganta abierta, muertos en la nieve.

Outros são encontrados com a garganta aberta, mortos na neve.

Alrededor de sus cuerpos hay huellas más grandes que las que cualquier lobo podría dejar.

Ao redor de seus corpos há pegadas — maiores do que qualquer lobo poderia deixar.

Cada otoño, los Yeehats siguen el rastro del alce.

Todo outono, os Yeehats seguem a trilha dos alces.

Pero evitan un valle con el miedo grabado en lo profundo de sus corazones.

Mas eles evitam um vale com medo gravado profundamente em seus corações.

Dicen que el valle fue elegido por el Espíritu Maligno para vivir.

Dizem que o vale foi escolhido pelo Espírito Maligno para ser seu lar.

Y cuando se cuenta la historia, algunas mujeres lloran junto al fuego.

E quando a história é contada, algumas mulheres choram perto do fogo.

Pero en verano, un visitante llega a ese tranquilo valle sagrado.

Mas no verão, um visitante chega àquele vale tranquilo e sagrado.

Los Yeehats no saben de él, ni tampoco pueden entenderlo.

Os Yeehats não o conhecem, nem conseguem entendê-lo.

El lobo es grande, revestido de gloria, como ningún otro de su especie.

O lobo é grandioso, revestido de glória, como nenhum outro de sua espécie.

Él solo cruza el bosque verde y entra en el claro.

Ele atravessa sozinho a floresta verde e entra na clareira da floresta.

Allí, el polvo dorado de los sacos de piel de alce se filtra en el suelo.

Ali, o pó dourado dos sacos de couro de alce penetra no solo.

La hierba y las hojas viejas han ocultado el amarillo al sol.

A grama e as folhas velhas esconderam o amarelo do sol.

Aquí, el lobo permanece en silencio, pensando y recordando.

Aqui, o lobo fica em silêncio, pensando e lembrando.

Aúlla una vez, largo y triste, antes de darse la vuelta para irse.

Ele uiva uma vez — longo e triste — antes de se virar para ir embora.

Pero no siempre está solo en la tierra del frío y la nieve.

Mas ele nem sempre está sozinho na terra do frio e da neve.

Cuando las largas noches de invierno descienden sobre los valles inferiores.

Quando longas noites de inverno descem sobre os vales mais baixos.

Cuando los lobos persiguen a la presa a través de la luz de la luna y las heladas.

Quando os lobos seguem a caça através do luar e da geada.

Luego corre a la cabeza del grupo, saltando alto y salvajemente.

Então ele corre na frente do bando, saltando alto e selvagem.

Su figura se eleva sobre las demás y su garganta está llena de canciones.

Sua forma se eleva sobre as demais, sua garganta vibra com a canção.

Es la canción del mundo más joven, la voz de la manada.

É a canção do mundo mais jovem, a voz da matilha.

Canta mientras corre: fuerte, libre y eternamente salvaje.

Ele canta enquanto corre: forte, livre e eternamente selvagem.